1000 SEGREDOS DOS VINHOS

1000 SEGREDOS DOS VINHOS

CAROLYN
HAMMOND

Tradução: João Roberto

Editora
Novo Conceito
Gastronomia

Originalmente publicado pela Sourcebboks, Inc.
www.sourcebooks.com

Título original: *1000 Best Wine Secrets*
Autora: Carolyn Hammond
Tradutor: João Roberto

Editora: Bete Abreu
Assistente Editorial: Marília Mendes
Produtor Gráfico: Samuel Leal
Revisores: Henrique Zanardi e Josias Andrade
Diagramação e composição: Triall
Capa: Ana Solt
Crédito da imagem utilizada: Sacha Leclair (Taktikal, Canadá)

Dados Internacionais de Catalogação na Publicação (CIP)
(Câmara Brasileira do Livro, SP, Brasil)

Hammond, Carolyn
1000 segredos dos vinhos / Carolyn Hammond ; [traduzido por João Roberto]. -- São Paulo : Novo Conceito Editora, 2007.

Título original: 1000 best wine secrets.
ISBN 978-85-99560-16-7

1. Gastronomia 2. Vinhos - Guias 3. Vinhos e vinificação 4. Viticultura I. Título.

07-6232 CDD-663.2

Índices para catálogo sistemático:

1. Enologia : Guias 663.2
2. Vinhos : Guias 663.2

Editora Novo Conceito
Rua Sansão Alves dos Santos, 102 – 2º and. – Cj. 21 – Brooklin Novo
04571-090 – São Paulo – SP
www.editoranovoconceito.com.br

Para Geoffrey

Agradecimentos

Este livro não é uma ilha.
Foi inspirado em muitas pessoas, principalmente nos viticultores e produtores de vinhos que labutam diariamente, por pura paixão, produzindo prazer em uma taça — Philippe e Marcel Guigal, Charles Back, Marcelo Papa Cortesi, Alvaro Palacios, Clotilde Davenne, Jean-Baptiste Lecaillon, Nicholas Joly, Toby Barlow, John Hancock, e outros milhares cujos talentos degustei.

Agradeço àqueles que passaram dias contando histórias sobre uvas e sobre a terra, e também às pessoas que estão por trás dos vinhos e que providenciam as degustações — Brigitte Batonnet, Hal Bibby, Jo Burzynska, David Churchill, Natasha Claxton, Michael Cox, John Derrick, Alison Dillon, Michael Donohue, Isidoro Fernandez-Valmayor, Jane Holland, Gladys Horiuchi, Sue Glasgow, Rob Green, Bill Gunn MW, Natalie Jeune, Peter Kelsall, Florence Laurent, Gérard Liger-Belair, Martine Lorson, Allison Lu, Angela Lyons, Stephen Marentette, Darren Meyers, Ian Mitchell, Giovanni Olivia, Sylvia Palamoudian, Sue Pike, Daryl Prefontaine, Dacotah Renneau, John Reynolds, Kelly Roberts, Jaimi Ruoho, Russell Sandham, Barbara Scalera, Camille Seghesio, Paul Sullivan, Elizabeth

Vaughan, Chloe Wenban-Smith, Corrina Wilson, Jason Woodman e Rebecca Yates-Campbell. O apoio deles foi inestimável.

Agradeço também aos meus companheiros, escritores sobre vinhos, cujo fluxo contínuo de conhecimento amplia minha visão do mundo do vinho, sempre em expansão — particularmente Jancis Robinson MW, Tim Atkin MW, Andrew Jefford e Hugh Johnson, cujos artigos sempre me encorajaram a me aprofundar um pouco mais, desarrolhar outra garrafa e degustar um pouco mais de vinho.

Talvez as pessoas mais diretamente responsáveis por este livro sejam: Jacqueline Sach, minha agente literária; Bethany Brown, minha editora; e Russell, meu marido espetacular, que sempre acredita em tudo aquilo que faço.

Sumário

Introdução

"O vinho é poesia engarrafada." Robert Louis Stevenson estava certo. E, como a poesia, revela-se melhor quando você é um participante ativo e sensível. Cada garrafa deve ser selecionada, desarrolhada e degustada. O vinho pode ser estocado, resfriado e harmonizado com comida. Você pode decidir decantá-lo. Ou não. Tudo com a esperança de que sua boca o receberá graciosa e alegremente.

1000 Segredos dos Vinhos irá ajudá-lo a apreciar mais cada garrafa. As duas primeiras partes revelam segredos: como descobrir o sabor do vinho olhando o rótulo; como saber se o vinho está pronto para ser bebido ou se ficará mais bem conservado em adega; como harmonizar vinho com comida e fazer com que essa união seja mais do que a simples soma desses ingredientes. Ainda, aprenderá quando e por que decantá-lo ou decantá-lo duplamente, e como saber se um vinho está contaminado pela rolha, passado do ponto ou insosso. Resumindo, essas duas primeiras partes oferecerão os meios para ampliar sua apreciação do vinho.

A terceira parte revela os sabores do mundo. Concentra-se nas misturas (*assemblage*) quentes e picantes dos Cabernet-Shiraz da Austrália; nos Beaujolais suculentos e frutados; na polpuda cereja dos Merlots do Chile; no bálsamo que emana da Grenache, que é a base dos tintos de Rioja; e nos brancos como os picos amenos do verão do vale do Loire. Esses vinhos, confiáveis e despretensiosos, são a prova de que o prazer não precisa ser caro ou complicado.

Uma vez que sempre ansiamos por mais, essa parte também revela os estilos mais complexos. São vinhos que necessitam de um pouco mais de esforço; que podem ser mais caros e solicitar mais de nós em termos de tratamento e cuidado, mas que geralmente nos recompensam de maneira graciosa: cada gole nos proporciona mais prazer na cabeça e no coração. Descubra por que famosas áreas produtoras de uvas como Côte d'Or, Napa Valley, Bordeaux, Piemonte e Vale do Moselle produzem vinhos que valem cada centavo gasto e, se você se sentir um pouco mais aventureiro, seu caminho para as melhores garrafas deve ir em direção ao Central Otago, ao Willamette Valley, ao Ribera del Duero ou ao Okanagon Valley.

Estas páginas apresentam os melhores vinhedos, viticultores e produtores da Itália até a Índia, incluindo os heróis consagrados e anônimos por trás das garrafas.

A quarta parte contém uma série de segredos comerciais. Nessa parte, tive o prazer de derrubar mitos, fornecer as mais confiáveis fontes de informações industriais, criar um glossário útil de termos de vinho e, de maneira sucinta, repassar outras dicas para você apreciar enquanto degusta uma taça de alguma bebida deliciosa.

Em suma, este livro é uma amigável apresentação dos 1000 segredos dos vinhos. Sente-se, encha uma taça com sua bebida favorita e deixe-me compartilhar com você alguns dos meus conhecimentos sobre vinhos.

Parte 1

Selecionando a Garrafa Perfeita

A melhor maneira de comprar um bom vinho é saber o que estamos procurando e ser capaz de nos expressar com palavras, quer estejamos falando com um vendedor quer com um *sommelier*. É mais fácil encontrar um vinho branco sem carvalho, refrescante e com inexpressivo sabor de maçãs verdes, do que um fabuloso vinho seco. A segunda escolha tem diferentes significados para um diferente número de pessoas, e por isso, a chance de ficarmos completamente satisfeitos é mínima.

Não posso deixar de enfatizar a importância do gosto pessoal quando escolhemos um vinho. O primeiro capítulo deste livro revela os segredos para ajudá-lo a refinar suas preferências, que constituem a pedra fundamental de todo o resto. Você aprenderá segredos de como pedir vinho em um restaurante, como harmonizar comida e vinho, como saber quando beber, e como ler os rótulos. São essas as bases para selecionar e apreciar aquela garrafa perfeita.

Capítulo 1

Como Comprar um Bom Vinho

1. A melhor maneira de determinar o sabor de um vinho é conhecer a varietal utilizada na sua produção. É daí que vem o sabor principal. O vinho elaborado da Cabernet Sauvignon tem sabor de amoras pretas; o Chardonnay, cítrico; o Merlot, de cereja, e assim por diante. Um vinho adquire outras nuances dependendo de onde as uvas cresceram e das técnicas utilizadas pelo produtor, mas o sabor fundamental da varietal utilizada permanece o mesmo.

2. A tabela a seguir mostra o sabor que as varietais de uvas tintas ou brancas adquirem ao serem transformadas em vinho. Aquelas em destaque são as varietais mais populares.

Varietais Tintas	Sabor e Aroma
Anglianico	Alcatrão e cereja caramelizada
Auxerrois	*Veja Malbec*
Baco Noir	Frutas vermelhas, couro e especiarias
Barbera	Ameixa e cereja vermelhas
Breton	*Veja Cabernet Franc*
Cabernet Franc	Framboesas maduras, lascas de lápis recém-apontado e ervas; também chamada de Breton
Cabernet Sauvignon	Amoras pretas, cedro e freqüentemente um toque de menta ou eucalipto
Canaiolo	Morango e couro
Cannonau	Ervas, amoras e especiarias
Carignan	Ameixas pretas e pimenta-do-reino preta
Carménère	Cereja e ameixa preta
Cencibel	*Veja Tempranillo*
Cinsault	Mirtilo, amoras pretas, carne vermelha
Corvina	Cereja e amêndoas
Cot	*Veja Malbec*
Dolcetto	Ameixa, frutas vermelhas, amêndoas amargas
Dornfelder	Pimentão vermelho e frutas vermelhas
Gamay	Framboesas maduras, morangos e freqüentemente banana
Gamay Beaujolais	Framboesas; essa uva é um clone da Pinot Noir

Varietais Tintas	Sabor e Aroma
Garnacha	Frutas vermelhas muito maduras, carne vermelha e pimenta-do-reino preta; também chamada de Grenache
Grenache	*Veja Garnacha.* O Grenache branco é um vinho *rosé* com aroma de frutas vermelhas elaborado com essa uva tinta
Grolleau	Frutas vermelhas; também conhecida como Groslot
Lambrusco	Morango e cereja
Malbec	Amora, ameixa preta, frutas secas; também conhecida por Cot ou Auxerrois
Merlot	Chocolate escuro e cereja
Monastrell	Amoras pretas e caça
Montepulciano	Amoras pretas e cereja
Mourvèdre	Amoras pretas, caça e couro
Napa Gamay	Frutas vermelhas e violeta; também conhecida por Valdiguié
Nebbiolo	Rosas e alcatrão
Petit Syrah	Groselha; não é relacionada à Syrah
Petit Verdot	Pimenta-do-reino preta, especiarias e cassis
Pinotage	Alcaçuz e frutas vermelhas
Pinot Noir	Framboesas maduras e morangos precoces em conserva; com o envelhecimento, sofrem uma mudança dramática, adquirindo os sabores de suco de carne caramelizado, curral de fazenda e trufas

Varietais Tintas	Sabor e Aroma
Portugieser	Frutas vermelhas
Primitivo	Amoras, mirtilo, pimenta-do-reino; também conhecida como Zinfandel
Sangiovese	Cereja
Shiraz	Amoras pretas, pimenta-do-reino preta, chocolate escuro e enfumaçado; também conhecida como Syrah
Spätburgunder	*Veja Pinot Noir*
Syrah	*Veja Shiraz*
Tannat	Framboesa e couro
Tempranillo	Morango e chocolate escuro
Teroldego	Frutas vermelhas e alcatrão
Tinta Barroca	Cereja e cogumelos brancos
Tinot Fino	*Veja Tempranillo*
Tinta Roriz	Frutas vermelhas e florais
Touriga Nacional	Frutas vermelhas maduras e rosas vermelhas
Trollinger	Frutas vermelhas e florais
Ull de Llebre (olho de lebre)	*Veja Tempranillo*
Valdiguié	*Veja Napa Gamay*
Zinfandel	*Veja Primivito*; o Zinfandel branco é um vinho *rosé* elaborado com essa uva com sabor de frutas vermelhas

Varietais Brancas	Aroma e Sabor
Albariño	Maçã Granny Smith (cor verde) e ervas
Aligoté	Toques de pêssego e frutas secas (nozes, amêndoas)
Auxerrois Neutra	Com toques de maçã. Não confundir com a Auxerrois Gris, da Alsace, ou a tinta Auxerrois, de Cahors, na França
Auxerrois Gris	*Veja a Pinot Gris*
Bacchus	Floral e maçã Golden (vermelha)
Chardonnay	Frutas cítricas e maçã
Chasselas	Neutra com toques de maçã verde e pêssego
Chenin Blanc	Florais, mel e grama molhada
Clairette	Pêssego e melão
Clevner	*Veja Pinot Blanc*
Colombard	Limão e pêssego
Cortese	Mineral e limão Taiti
Fiano	Avelãs e florais
Furmint	Maçã e mel
Fumé Blanc	*Veja Sauvignon Blanc*
Gewürztraminer	Lichia e rosas
Greco	Limão Taiti e ervas
Grüner Veltliner	Limão Taiti
Kerner	Limão Taiti, minerais e ervas
Klevner	*Veja Pinot Blanc*
Macabeo	Florais e frutas secas (nozes, amêndoas); conhecida também como Viura
Malvasia	Frutas cítricas, almíscar e amêndoas

Varietais Brancas	Aroma e Sabor
Marsanne	Algum abacaxi, marzipã e caramelo
Moscatel	*Veja Muscat*
Moscato	*Veja Muscat*
Mauzac	Cáscara de maçã
Müller-Thurgau	Florais e ervas
Muscadelle	Uvas maduras e florais
Muscadet	Neutra com toque de limão
Muscat	Uva madura e laranja; conhecida como Moscato, na Itália, e Moscatel. na Espanha
Nuragus	Limão
Parellada	Maçã verde e *grapefruit*
Pinot Blanc	Maçã, pêssego branco maduro; também conhecida como Clevner ou Klevner
Pinot Grigio	Aromas neutros com um toque leve de limão, florais; também conhecida como Pinot Gris na França, onde, devido à colheita tardia, desenvolve aroma e sabor acentuado
Pinot Gris	Pêssego picante; conhecida como Auxerrois Gris e Tokay na Alsace; Ruländer na Alemanha; Pinot Grigio na Itália. Quando cultivada na Itália, como a Pinot Grigio, é colhida precocemente antes de desenvolver um sabor acentuado
Riesling	Limão Taiti, rochas e florais; uma vez maduros, os Rieslings lembram o cheiro da gasolina
Rolle	Frutas secas (nozes, amêndoas), cítrica

Varietais Brancas	Aroma e Sabor
Roussanne	Damasco
Rülander	Pêssego picante
Sauvignon Blanc	Limão Taiti, aspargos e *gooseberries* (fruta vermelha, selvagem, lembra a mistura de abacaxi e morangos); também conhecida como Fumé Blanc
Scheurebe	*Grapefruit* e pêssego
Sémillon	Creme de limão
Sevyal Blanc	Grapefruit
Silvaner	Neutra, com toque de maçã verde
Sylvaner	*Veja Silvaner*
Tokay d'Alsace	*Veja Pinot Gris*
Torrontés	Pêssego e florais
Trebbiano	Ácida e muito neutra, com toques leves de limão; conhecida como Ugni Blanc
Ugni Blanc	*Veja Trebbiano*
Verdejo	Limão azedo, ervas e frutas secas (nozes, amêndoas)
Verduzzo	Cítrica, abacaxi e mel
Verdicchio	Florais e toques de amêndoas amargas
Vidal	Damascos e mel
Viura	*Veja Macabeo*
Viognier	Pêssego e pêra
Xarel-lo	Florais e damascos

3. A grande maioria dos vinhos é elaborada com uma ou duas variedades de uva e, com raras exceções, uvas tintas produzem vinhos tintos, e uvas brancas produzem vinhos brancos. O vinho *rosé* pode ser resultado da mistura de vinhos de uva tinta ou brancas, ou somente de uva tinta.

4. A maioria dos rótulos indica a variedade da uva. Aqueles que não fazem essa indicação são, geralmente, os vinhos tradicionais europeus como o Barolo, o Chianti ou o Bordeaux, cujos rótulos trazem seu lugar de origem. Você pode saber com qual uva é feito este ou aquele vinho consultando a terceira parte deste livro ("Revelando os Sabores do Mundo").

5. Assim como um sabor característico, cada varietal indica níveis distintos de tanino e acidez, conhecido como nível de acidez. Esses elementos influenciam no sabor do vinho e se ele é do seu agrado. Nebbiolo, Malbec e Cabernet Sauvignon produzem vinhos com acentuado nível de tanino, ao passo que a Sauvignon Blanc, a Chardonnay sem carvalho e a Grüner Veltliner produzem vinhos que nos lembram a acidez do suco de um limão. Até certo ponto, essas características podem ser influenciadas pelo local do cultivo dessas frutas e pelas técnicas utilizadas pelo produtor, mas é útil conhecermos os níveis de tanino e acidez, e qual varietal produz vinhos compatíveis com nosso gosto. Mais informações sobre o tanino e a acidez estão no Capítulo 6, "Como Degustar Vinho Como um Profissional" e na terceira parte deste livro: "Revelando os Sabores do Mundo".

6. Se você é como eu, suas preferências por vinho variam de acordo com o clima, com as estações do ano e com o que você está comendo. Um vinho branco mais ácido é refrescante no verão ou como acompanhamento de um prato picante, enquanto um vinho tinto robusto em um dia frio, ou talvez com uma carne grelhada, é mais agradável.

7. Os vinhos mais ácidos são geralmente provenientes de regiões de clima mais frios. Os países mais distantes do Equador, como a Áustria, a Alemanha, o Canadá e a Inglaterra, bem como regiões frias em países de clima quente, como as montanhas do Chile, produzem vinhos com maior acidez ou frescor naturais.

8. Se você gosta do sabor da baunilha, procure por vinho amadurecido em barricas de carvalho americano. Se aprecia aromas e sabores como a pimenta-do-reino preta ou branca, canela ou café, procure pelos amadurecidos em carvalho francês. As informações sobre o tipo de carvalho utilizado são geralmente encontradas no rótulo de trás (ou secundário).

9. Vinhos fermentados ou maturados em barricas de carvalho são melhores que os que utilizam métodos mais baratos como lascas de carvalho, sachês ou essência. Se o rótulo de um vinho tiver frases como "maturação em carvalho" ou "influência do carvalho" em vez da palavra "barrica", seu produtor provavelmente fez uso de um desses métodos. As barricas criam um sabor de madeira mais integrado.

10. Os vinhos tradicionais do Velho Mundo tendem a ser mais contidos e menos frutados em seu sabor que os do Novo Mundo, que, embora sejam muito populares, são conhecidos por alguns críticos como suco alcoólico de fruta. O Velho Mundo inclui as regiões vinícolas da Europa que produzem vinho há séculos. O Novo Mundo diz respeito aos países que iniciaram a produção e a exportação de grandes quantidades nos últimos cem anos, como a América do Norte, a América do Sul e a Austrália.

11. Apesar da tendência de o Novo Mundo produzir vinhos mais frutados que o Velho Mundo, exceções existem. Atualmente, muitos dos produtores do Novo Mundo copiam os vinhos do Velho Mundo quanto ao preço alto. Ao mesmo tempo, o Velho Mundo está produzindo vinhos mais acessíveis no estilo do Novo Mundo: frutados e com o nome da uva em seus rótulos.

12. A melhor maneira de comprar bons vinhos é ter contato com um negociante experiente. Entre eles, especialmente os pequenos e independentes, não há espaço para a mediocridade. Eles têm de ser corretos para sobreviver, e esse já é um motivo, por si só, para comprarmos ali. Quando encontrar um bom comerciante de vinhos, converse com ele sobre o que gosta, o que não gosta e o quanto está disposto a gastar. Os negociantes degustam vinhos com freqüência e são, por isso, fonte valiosa de informação.

13. É importante notar que os críticos de vinhos tendem a degustar pela tipicidade, não só pela qualidade e pela preferência. Um crítico pode não gostar de Beaujolais, por exemplo, mas deverá degustá-lo o suficiente para dizer se é de boa qualidade, se mostra a limpidez, o frescor e o caráter frutado típico do estilo. O importante aqui é notar que as altas notas concedidas por um crítico nada significam se você não aprecia o estilo do vinho que ele está avaliando.

14. Acima de tudo, confie em seu próprio paladar. Quando degustamos, nossas experiências são únicas; um crítico de confiança pode oferecer orientação, mas acredite em suas papilas gustativas para decidir se vale a pena comprar determinado vinho.

15. É importante ressaltar que o poder da internet tem destronado os críticos de vinhos, de certa maneira, pois muitos apreciadores apaixonados divulgam suas notas de degustação. Isso, ao lado dos *websites* dos produtores, torna uma procura fácil, como aquelas quando pesquisamos vinhos antes de comprá-los.

16. Quando encontrar um vinho que aprecia, compre algumas garrafas e coloque-as em um local frio. Além dessas, é bom ter sempre à mão uma garrafa de Champagne, caso haja uma comemoração, uma de Beaujolais, porque acompanha quase todos os pratos, e uma de um vinho de sobremesa, para ser apreciado com uma cesta de frutas frescas ou queijo salgado.

17. Vinhos brancos, carregados com carvalho, podem ter um sabor agradável e cremoso logo de início, mas tendem a cansar o paladar depois de uma ou duas taças.

18. Os melhores vinhos são geralmente encontrados em garrafas pesadas. Essa é uma dica de qualidade.

19. Uma boa maneira de ter certeza de que um vinho é de alta qualidade é procurar o nome do produtor. Quando a compra é efetuada de um produtor de renome, você pode ter certeza de que o vinho não o desapontará. Seu fornecedor de vinho, assim como este livro, poderá auxiliá-lo a conhecer os nomes de alguns produtores confiáveis na área que você prefere.

20. Conheça e deguste as variedades regionais e não apenas aquelas provenientes das uvas internacionais mais populares. Assim você poderá obter uma boa relação preço/qualidade. Ao ler a terceira parte do livro, "Revelando os Sabores do Mundo", você estará na direção certa.

21. Lembre-se de que a relação preço/qualidade é subjetiva. Tudo dependerá muito do seu poder aquisitivo e do seu gosto pessoal.

22. A garrafa, o rótulo, o fechamento, a cápsula, a embalagem, o custo de distribuição, as margens de lucro das vendas no atacado ou no varejo, as taxas alfandegárias e os impostos são custos fixos. Sendo assim, quanto mais você pagar por uma garrafa de vinho, mais valor estará dando ao seu dinheiro.

23. Grandes companhias tendem a economizar sempre que possível. Assim, você obtém o valor que paga e nada mais. Os vinhos mais baratos tendem a ser produzidos por pequenos produtores, movidos pela paixão e pelo prazer de produzir vinhos da melhor qualidade. Competem em qualidade, porque lhes faltam economias para competir nos preços. Onde encontramos essas preciosidades? Por meio dos pequenos comerciantes de vinhos, que conhecem seus produtores pessoalmente, reverenciam seus vinhos e reconhecem o grande valor que eles oferecem. Hoje em dia, pequenos produtores geralmente procuram pelos comerciantes independentes e pelos restaurantes para vender seus vinhos, pois não têm condições de participar das altas taxas cobradas e dos custos promocionais requeridos pelos supermercados e pelas grandes lojas de varejo, além de não poder suprir a grande demanda.

24. Grandes marcas têm seus méritos. Na melhor das hipóteses, oferecem consistência e um bom valor pelo seu dinheiro — agradam a todos, por assim dizer. Também são fáceis de encontrar, pois são estocadas pelas grandes lojas e geralmente agradam, mesmo sem considerar suas nuances e suas qualidades. Algumas são, no entanto, melhores que outras. Para obter as melhores garrafas, procure sempre por produtores confiáveis.

25. À medida que o mundo é invadido por vinhos genéricos produzidos em massa, o pêndulo começa a rumar para trás. A demanda por vinhos artesanais está se expandindo rapidamente, dando origem a centenas, senão milhares, de produtores com mentalidade dirigida à qualidade, que tratam e produzem seus vinhos com carinho, paixão e respeito. É difícil não saborear a diferença na taça.

26. Embora os vinhos orgânicos nem sempre tenham melhor sabor que os mais convencionais, eles nos oferecem duas doses únicas de prazer: saber que não estamos ingerindo substâncias químicas e que, mesmo em pequena quantidade, estamos ajudando a salvar o planeta.

27. Quase todas as regiões estão produzindo vinhos orgânicos. No entanto, nem todos os produtores comercializam seus produtos como tal. Uns com receio de serem associados com o que possa ser um modismo e outros pela liberdade de poder voltar atrás caso julguem necessário.

28. Alguns tipos de vinhos, como os Pinot Noir, são mais dispendiosos em sua elaboração, o que justifica um preço mais elevado que o de um Chardonnay, por exemplo, mais fácil de ser produzido.

29. Existe realmente uma diferença considerável entre uma garrafa de 10 dólares e uma de 50 dólares? A resposta é sim. Geralmente o vinho mais caro é mais refinado, elaborado com uvas de melhor qualidade, com maior concentração, complexidade e sabor mais prolongado. O que devemos lembrar é que o vinho de 50 provavelmente não está pronto para ser bebido; já o de 10 pode oferecer um prazer mais imediato. Deve-se considerar, porém, que mesmo a cada nível de preço existe uma notória diferença: algumas garrafas de 10 dólares são muito melhores que outras do mesmo valor.

30. Aprender os principais fatos a respeito dos vinhos será de grande auxílio na hora de comprá-los e proporcionará um relacionamento melhor com o fornecedor. Obter os requisitos básicos exige um pouco de trabalho, mas é recompensador. Para começar, leia o Capítulo 29, "Aprendendo mais Sobre o Vinho".

31. Os melhores produtores são aqueles que controlam a vinificação desde as videiras até a adega, conscientes de cada pequeno passo.

32. Respeitar a diversidade do vinho é primordial para sua apreciação. Não compare um Bordeaux classificado a um *premium* Cabernet Sauvignon da Austrália, por mais tentador que possa ser. Eles diferenciam-se no estilo.

33. As casas de leilão são bons lugares para boas compras de vinhos com preço médio de 350 dólares a 1.500 dólares a caixa.

34. Para conseguir o melhor vinho pelo melhor preço, visite o site www.wine-searcher.com. Lá, você pode procurar o vinho por nome, safra e procedência, além de saber quem estoca qual vinho, em qual país e a que preço. Trata-se de um grande portal para apreciadores de vinho, embora os comerciantes, sem dúvida, não apreciem sua transparência. Se você não encontrar o que procura no site, peça ao seu fornecedor.

35. Utilize uma tabela de safras apenas como guia, pois trata-se apenas de uma referência generalizada e há sempre exceções para as pontuações daquele ano.

36. Em sua busca pela garrafa perfeita, lembre-se de que tempo, lugar, humor, companhia e comida influenciam no quanto você irá apreciá-la e o mesmo acontece com o que há em seu interior.

37. A melhor maneira de transformar um vinho em um bom vinho, e um bom vinho em um vinho memorável é bebê-lo com alguém por quem você está apaixonado.

38. Embora todos os segredos relacionados acima sejam verdadeiros, nenhum deles é a verdade. A verdade é que a apreciação do vinho começa e termina com sua conexão com ele e com seu respeito pela fruta, pela terra e pelo sol que está em seu interior.

Capítulo 2

Como Pedir Vinho em um Restaurante

39. Antes de pedir o vinho, pergunte aos outros convidados se existe preferência por tinto ou branco, em vez de perguntar o que vão pedir. Muitas pessoas não seguem as regras de vinho tinto para carnes vermelhas, branco para carnes brancas e assim por diante, e por isso, é melhor descobrir logo o que se deseja beber. Uma vez selecionada a cor, você já está no caminho certo para encontrar algo que agrade a todos.

40. Verifique os preços, decida o quanto está disposto a pagar por uma garrafa e mantenha suas expectativas dentro da realidade. Se está pagando cerca de 25 dólares por uma garrafa, não espere por um vinho complexo e com sabor prolongado. Na melhor das hipóteses, você conseguirá algo que mostra uma clara expressão da fruta, agradável de ser bebido por esse preço.

41. Não tenha em mente que todos os vinhos da carta estão prontos para ser bebidos. Isso significa que se há um Barolo de uma safra recente por 100 dólares, você poderá se deparar com uma taça cheia de um vinho inexpressivo, com muito tanino, impenetrável e que se recusa a estabelecer uma relação de amizade com você. Barolos geralmente não dão prazer até aproximadamente dez anos após a data de sua colheita e certamente não são muito corteses com a impaciência.

42. Uma boa regra é a seguinte: se pretende pedir um vinho acima de 50 dólares, com idade inferior a cinco anos, pergunte a um *sommelier* ou a um *connoisseur* se o vinho está pronto para ser bebido.

43. Se não há um *sommelier* disponível, solicite aos garçons que esclareçam suas dúvidas, pois eles devem conhecer o que estão servindo. Se não conhecerem, peça para falar com a pessoa encarregada de comprar os vinhos — geralmente, o proprietário ou o gerente — e não se intimide. Essas pessoas estão ali para ajudá-lo a ter uma refeição agradável.

44. Perguntar a um *sommelier* quais são os dois melhores vinhos tintos ou brancos dentro da margem de preço que você está disposto a pagar é a melhor indagaçao. É fundamental estabelecer essa margem, já que isso gera um ambiente confortável. Depois, solicite uma descrição dos vinhos recomendados, o que demonstra o conhecimento do *sommelier* de maneira rápida e eficiente.

45. Se um *connoisseur* recomendar algo fora do comum, avalie a sugestão cuidadosamente. Pergunte o porquê da sugestão e, caso seja possível, experimente-o. Geralmente o *connoisseur* sabe avaliar melhor o que há de mais saboroso na carta.

46. Beba os melhores vinhos em casa e os mais comuns e acessíveis quando jantar fora. Dessa maneira, você evita as elevadas quantias cobradas por alguns restaurantes para os bons vinhos.

47. Se seu jantar é composto por vários pratos, solicite um vinho como aperitivo e talvez para o primeiro prato, e um ou mais vinhos para os pratos seguintes. Esperar que um só vinho combine com todos os pratos pode ser um problema. Lembre-se de que o primeiro deve ser sempre o mais leve em corpo e cor que aqueles que virão a seguir.

48. O fato de a carta de vinhos dizer que é Champagne não significa que seja realmente. Quando estiver em dúvida, procure pelo país e pela região de origem. Os países do Novo Mundo produzem vinhos efervescentes e os rotulam de Champagne, apesar de somente o vinho produzido na região francesa chamada Champagne poder usar esse nome. Há uma grande diferença entre o verdadeiro e os outros. O verdadeiro Champagne tem o sabor típico de maçãs assadas, torradas e massa folhada.

49. Uma vez escolhido o vinho, ele deverá ser trazido a você, ainda fechado, para a apresentação do rótulo. Verifique o nome do vinho e a safra para confirmar a escolha. Uma vez aprovado, o garçom o abrirá e colocará uma pequena quantidade na taça. A idéia aqui não é degustar para sentir se você gosta ou não;

a idéia é aprovar a qualidade do vinho — em outras palavras, certificar-se de que não esteja morto. Assim, verifique se o vinho é límpido ou enfumaçado, se tem aroma fresco de vinho ou se lembra bolor desagradável, e se tem sabor igualmente fresco. Após confirmar esses detalhes e aprovar, sinalize com um "sim" e o *sommelier* completará a taça dos outros convidados e finalmente a sua.

50. Muitos restaurantes permitem que o cliente leve sua garrafa e cobram uma taxa sobre a rolha — uma espécie de sobretaxa pelo privilégio de beber seu próprio vinho em suas dependências. Levar sua garrafa pode ser uma boa idéia se você tiver um vinho especial, talvez de uma safra antiga, com o qual deseja surpreender sua companhia. Não faz sentido levar algo barato porque geralmente a rolha excede o menor valor da carta. Não se esqueça de telefonar com antecedência para se assegurar de que o estabelecimento oferece essa opção aos clientes.

Capítulo 3

Como Harmonizar Comida e Vinho

51. Quando se harmoniza a comida e o vinho, o corpo, e não a cor, é o mais importante. O corpo é a sensação do peso do vinho na boca e corresponde em parte ao seu nível de álcool. Os vinhos encorpados — como o Cabernet Sauvignon, o Barolo e o Syrah — acompanham muito bem pratos igualmente encorpados, como carnes assadas. Já vinhos mais leves — como os Rieslings alemães, os Pinot Blanc e os Beaujolais — combinam melhor com os pratos mais leves, como as saladas.

52. Não siga as regras tão rigorosamente quando estiver harmonizando um prato e o vinho. Em vez disso, beba o que gosta com suas refeições. Porém, evite cometer erros grosseiros, como aniquilar um delicado prato de peixe, cozido em caldo, servindo-o com um tinto encorpado, como um grande Shiraz da Austrália.

53. No Velho Mundo, em particular, os vinhos regionais são elaborados como um complemento aos pratos locais. Na costa leste da Itália, por exemplo, costuma-se servir peixes frescos e outros frutos do mar com Verdicchio, um vinho branco de produção local. Quando aderimos a essa prática, notamos que ela faz sentido para uma boa gastronomia.

54. Embora o Champagne seja tradicionalmente servido com bolos de casamento, trata-se de uma harmonização duvidosa. O Champagne tem um sabor muito ácido quando servido com pratos muito doces. É melhor servido sozinho ou com pratos salgados ou condimentados.

55. O Champagne é um vinho, não apenas uma bebida de comemorações. Funciona muito bem como aperitivo, como acompanhamento de uma entrada, ou como ambos. Suas bolhas têm um frescor ácido que refrescam o paladar, tornando-o um bom vinho para estimular o apetite e que, por seu aroma e sabor de torrada, promovem uma agradável harmonização com saladas, frutos do mar ou mesmo com um prato de batatas fritas. Uma combinação clássica para cogumelos *sauté*.

56. Entre os melhores vinhos para harmonizar com frutos do mar podemos citar o Muscadet, o Chablis, o Verdicchio, e o Champagne. Todos esses vinhos são delicados, discretos e perfeitos para acompanhar peixes.

57. Saladas temperadas com limão são menos propensas a arruinar o equilíbrio de um vinho que as temperadas com vinagre.

58. Se você usa um determinado vinho para cozinhar, beba o mesmo enquanto come. Assim você entrelaça seus sabores e estabelece uma harmonização.

59. Uma combinação clássica francesa é a do vinho da Alsace, o Gewurztraminer, com o queijo Münster, produzido na Alsace por monges desde a Idade Média. O Münster é um queijo pungente, freqüentemente saboreado com batatas assadas e cebolas picadas, e que combina muito bem com o rico aroma de pétalas de rosas de um encorpado vinho Gewürztraminer.

60. Procure por vinhos com aromas e sabores defumados para harmonizar com pratos grelhados. O Shiraz da Austrália, o Pinotage da África do Sul e os tintos da região do Rhône do Norte da França, como os Hermitage e os Crozes Hermitage, são os que vêm à mente.

61. Vinhos tintos podem fazer com que os peixes tenham um gosto metálico. Isso acontece quando o iodo dos peixes entra em contato com os taninos dos vinhos tintos. Para minimizar esse efeito, escolha vinhos com baixo teor em taninos, como os Beaujolais ou os Merlot, ou ainda, para se sentir mais seguro, sirva branco ou *rosé*.

62. Os vinhos com maior nível de acidez, como aqueles elaborados com Pinot Noir, Sauvignon Blanc ou os Chardonnay sem carvalho, harmonizam bem com pratos gordurosos, porque a acidez do vinho corta a gordura do prato.

63. Embora o queijo seja uma combinação freqüente com vinhos tintos, não descarte os brancos. Um queijo de cabra cremoso combina maravilhosamente com o sabor e os aromas de ervas de um Sauvignon Blanc; os aromas e sabores de limão e o tostado de um branco da Bourgogne são excelentes com um pungente Parmigiano Reggiano; a doçura de um Sauternes brinda o sabor salgado de um Roquefort.

64. Quando estiver planejando um menu, não descarte a idéia de harmonizar um vinho doce com fruta fresca em vez de outra sobremesa. Uma boa combinação é a seguinte: um Sauternes de excelente qualidade, um Barsac ou um Tokaji Aszú com pêssegos frescos e um toque de mel.

65. Se planeja harmonizar um vinho doce com uma sobremesa, ela deverá ser menos doce que o vinho — caso contrário, o vinho ficará muito ácido e desequilibrado. Se o vinho for de boa qualidade, escolha uma sobremesa simples, como uma fruta fresca ou um pudim.

66. Procure pelos aromas e sabores de um vinho ao harmonizá-lo com um prato. O Sauvignon Blanc tem aroma de aspargos e, por isso é uma excelente combinação para esse vegetal. De maneira semelhante, os aromas e sabores de frutas vermelhas de um jovem Pinot Noir combinam bem com peru, assim como a *cranberry* é um acompanhamento tradicional para essa ave.

67. Quando servir um vinho maduro de uma safra antiga de boa qualidade e esperar complexidade, não o sirva com um prato muito elaborado. Escolha algo simples para ter certeza de que o vinho não ficará em segundo plano. Se abrir um Opus One do Napa, que é uma *assemblage* tipo Bordeaux, ele combinará mais com uma costela de boi assada, batatas e vagens cozidas no vapor, que, digamos, com um cozido de vegetais e pêras com um crepe de carne de caça.

68. Comidas picantes, como as da Tailândia ou do Caribe, na maioria das vezes vão muito bem com vinhos secos, como o branco Zinfandel da Califórnia, ou um *halbtrocken* Riesling da Alemanha, que refrescam o paladar. Esses vinhos são levemente adocicados, mas ao mesmo tempo possuem alto nível de acidez, o que faz com que você salive ao bebê-los e crie uma sensação de frescor na boca.

69. Vinhos com alto teor de acidez e pratos salgados combinam muito bem. Isso significa que você deverá procurar aqueles com acidez refrescante, como Pinot Blanc ou Silvaner, para serem servidos acompanhando aperitivos salgados, que são degustados com as mãos. Grandes combinações de aperitivos incluem o Champagne com pipoca salgada ou batata chip; o Jerez Fino com azeitonas; e o Muscadet com castanhas de caju torradas e salgadas.

70. Quando pensar em uma combinação de vinho com um prato, lembre-se de harmonizar o sabor mais acentuado do prato com o vinho, que pode ser o molho. Uma massa tradicional com pesto, por exemplo, funciona muito bem com os aromas e os sabores de ervas e nozes de um espanhol Verdejo.

71. Se estiver servindo um aperitivo no verão, digamos na varanda de sua casa, não posso pensar em uma melhor harmonização que um *rosé* de boa qualidade bem gelado. De fato, na Espanha e na França, quando se janta ao ar livre, no verão, o *rosé* é com freqüência a opção escolhida.

72. Os taninos e as proteínas formam uma grande combinação. O tanino dos vinhos é atraído pelas proteínas e, por isso, sem muita técnica, um vinho tânico será sedoso e frutado quando consumido com queijos e carnes.

73. Para aqueles desejosos de mergulhar na arte de harmonização entre comida e vinho, há sempre o restaurante de Alain Senderens, três estrelas no Guia Michelin, o Lucas Carton, no *8th arrondissement* em Paris. Monsieur Senderens é um veterano *chef* francês que elabora seus pratos para harmonizar com a textura, a densidade e os aromas dos vinhos escolhidos e oferece aos clientes um menu combinado com vinhos servidos em taças. Os resultados são mágicos. Visite o site www.lucascarton.com para obter mais informações.

Capítulo 4

Como Saber Quando Beber

74. Uma regra fundamental é a seguinte: se o vinho for vendido por menos de 25 dólares, é bem provável que esteja pronto para ser bebido. Vinhos com preço acima desse valor geralmente são elaborados com uvas de melhor qualidade, cultivadas em melhores condições, e isso tende a aumentar o preço. A qualidade geralmente vem associada ao potencial de envelhecimento. Lembre-se de que a grande maioria dos vinhos está pronta para consumo logo após ser engarrafada.

75. Saber quando beber um vinho depende da sua habilidade de detectar a concentração de fruta, do tanino, do nível de acidez e de álcool, e do equilíbrio desses quatro elementos. A concentração da fruta e os taninos diminuem à medida que o vinho envelhece, enquanto a acidez e o álcool permanecem constantes. Assim, um vinho com mais fruta e tanino que acidez e álcool melhora com o tempo.

76. Quando a concentração de fruta e os taninos estão em equilíbrio com a acidez e o álcool, o vinho está pronto para ser bebido. Uma vez atingido o equilíbrio entre esses elementos, o vinho permanecerá daquela maneira e poderá ser guardado por um período de tempo variável.

77. Resumindo alguns dos últimos segredos: a concentração de fruta é percebida quando mantemos o vinho na boca e seus sabores são liberados, os taninos são percebidos ao redor das gengivas como uma sensação de secura semelhante ao que sentimos quando bebemos chá preto, o nível de acidez é detectado como uma sensação de algo azedo, percebido nos lados da língua, estimulando a salivação, e o álcool é percebido como uma sensação de calor no fundo da boca, principalmente após a deglutição.

78. Saber quando um vinho de guarda está pronto para beber é algo subjetivo. Algumas pessoas gostam de vinhos jovens, descomplicados e ainda frescos, enquanto outras preferem vinhos com níveis de complexidade que se desenvolvem com o amadurecimento.

79. Algumas variedades de uvas desenvolvem-se melhor com a guarda que outras, e com isso amadurecem com mais elegância. Algumas poucas uvas tintas que tendem a amadurecer bem são a Cabernet Sauvignon, a Nebbiolo (que é a uva dos vinhos Barolo e Barbaresco) e a Pinot Noir. A Gamay e a Cabernet Franc, por outro lado, são melhores quando bebidas ainda jovens.

80. Uvas brancas geralmente não envelhecem tão bem quanto as vermelhas devido à ausência dos taninos, que são conservantes naturais.

81. Alguns vinhos brancos melhoram após algum tempo engarrafados, em especial aqueles vinificados com as uvas Riesling, Pinot Gris e Chardonnay, desde que tenham sido cuidadosamente elaborados e apresentem concentração suficiente de fruta.

82. O Champagne pode envelhecer por décadas. O Champagne safrado, elaborado com as melhores frutas dos melhores anos, tem grande potencial para melhorar depois de engarrafado. Procure produtores de qualidade.

83. Muitas vezes é difícil distinguir os vinhos de baixa qualidade (que são ásperos quando degustados) daqueles de alta qualidade, mas que ainda não estão prontos para ser bebidos. Ambos apresentam taninos ásperos e são muito desagradáveis de ser degustados. Uma dica pode ser o preço, mas a maneira mais certa de se dizer é avaliando o equilíbrio do vinho. Um vinho de baixa qualidade mostrará baixa concentração de fruta em relação aos taninos, à acidez e ao álcool, enquanto o de alta qualidade será comparativamente rico em fruta.

84. Os vinhos com potencial de envelhecimento prolongado exigem um paladar experiente para estimar por quanto tempo eles ainda envelhecerão. Os vinhos Bordeaux de alta qualidade, por exemplo, são elaborados para envelhecer por até cinqüenta anos. É necessário um grande número de degustações para fazer essas estimativas e, devido ao preço desses vinhos que pode atingir milhares de dólares por garrafa, você não gostaria de abri-los se eles ainda não estivessem prontos. Assim, eu aconselharia procurar orientação junto ao seu fornecedor ou por meio de publicações especializadas que fornecem o tempo ideal para o consumo desses vinhos, utilizando suas informações como ponto de partida.

85. Uma vez familiarizado com o método para saber quando o vinho está pronto, comece a praticar com os vinhos guardados em sua adega. Compre uma caixa de um vinho barato que não esteja pronto e que envelhecerá bem por pelo menos cinco anos, informação obtida por meio de seu fornecedor. Então, durante os cincos anos, deguste uma garrafa. Julgue por si mesmo o equilíbrio, os aromas e os sabores e depois decida quando abrir a próxima. É nesse ponto que começa a ficar divertida a história de guardar o vinho para o envelhecimento.

86. O benefício que resulta do armazenamento de um vinho elaborado para ser envelhecido é que ele desenvolve camadas de aromas e sabores. O aroma de um vinho envelhecido é chamado *bouquet*.

87. Vinhos em garrafas *magnum* envelhecem uma vez e meia a mais em relação aos mesmos vinhos em garrafas de tamanho normal. Vinhos na meia garrafa envelhecem mais rapidamente que aqueles mesmos vinhos na garrafa normal — cerca de dois terços do tempo.

88. Quando você compra vinhos de safras antigas, está pagando pelo tempo e pelo espaço ocupado em uma adega de terceiros. Comprar o vinho ainda jovem visando ao envelhecimento em sua adega é o melhor negócio desde que você a mantenha protegida.

89. O Jerez não melhora com o envelhecimento e deve ser bebido logo após o engarrafamento.

90. O Jerez deve ser bebido dentro de uma semana a partir da abertura da garrafa. O Jerez tipo seco, como o Fino e o Manzanilla, perde suas qualidades rapidamente depois de aberto.

91. Os Portos safrados melhoram na garrafa, enquanto os Crusted, os Late Bottled Vintage e os Tawny, não são elaborados para ser envelhecidos, mas para ser bebidos de imediato.

92. Todos os Portos, com exceção dos Tawny mais requintados, devem ser bebidos dentro de uma semana a partir da abertura da garrafa, assim como o Jerez. Os Tawny duram poucas semanas depois que a garrafa foi aberta.

93. Um dos vinhos fortificados que guarda suas qualidades quase que indefinidamente depois de aberto é o Madeira, procedente da ilha do mesmo nome situada a cerca de seiscentos quilômetros da costa do Marrocos. Esse vinho fortificado tem sabor de caramelo e nozes, e seu estilo vai do muito doce até o seco, conservando suas qualidades devido à maneira como é elaborado. É um dos únicos vinhos do mundo que fica exposto ao calor durante meses, senão anos, e esse processo o "cozinha" delicadamente, criando uma cor escura característica, tornando-o rico em aromas e sabores agridoces e produzindo uma natureza praticamente indestrutível.

94. O vinho elaborado para ser consumido jovem pode começar a perder o frescor e o atrativo de suas frutas cerca de um ano após o engarrafamento. Então, escolha safras recentes ao comprar vinhos relativamente baratos e para consumo imediato. Essa é uma boa regra a ser seguida quando se compra vinhos *rosés* e brancos, que se deterioram mais rápido que os tintos.

95. Geralmente, o vinho *rosé* não melhora com o envelhecimento. Sempre beba-o enquanto ainda jovem.

96. O Beaujolais Nouveau — aquele vinho tinto frutado da região sul da Bourgogne, elaborado com a uva Gamay — deve ser bebido até o mês de maio do ano que se segue à sua data da colheita.

Capítulo 5

Como Ler o Rótulo

97. Uma rápida olhada no rótulo de um vinho mostra se ele é de corpo leve, médio ou encorpado, porque o corpo guarda relação direta com o nível alcoólico. Vinhos leves têm uma porcentagem de álcool menor que 12% por volume, os de corpo médio, entre 12% e 13% e os encorpados excedem os 13%. O Zinfandel da Califórnia imediatamente vem à mente como um exemplo de vinho que geralmente excede os 14%, enquanto os Riesling alemães são bem leves, por volta dos 9%.

98. A grande maioria dos vinhos do Novo Mundo e um crescente número do Velho Mundo colocam o nome das uvas em seus rótulos, o que é uma maneira rápida de dizer qual será o sabor do vinho.

99. Vinhos dos Estados Unidos são geralmente rotulados como vinhos regionais da Europa, tais como Burgundy, Claret, Chablis, Champagne, Chianti, Hock, Málaga, Marsala, Madeira, Moselle, Port, Rhine, Sauternes, Sherry e Tokay. Para se certificar de que um vinho é autêntico, procure pelo país de origem, que também deve estar no rótulo.

100. Um acordo firmado em setembro de 2005 entre os Estados Unidos e a União Européia, brevemente proibirá os Estados Unidos de usar nomes genéricos como Burgundy, Claret e Chablis em novos produtos. Essa restrição não se aplicará aos produtos "impostores" já existentes.

Parte 2

Degustando e Servindo Vinho

Selecionar uma boa garrafa de vinho é apenas a metade do caminho para se beber bem. Balançar e cheirar a taça, colocar na boca e deglutir enquanto analisa de maneira crítica, e servir adequadamente é a outra metade do caminho. Degustar com o foco no equilíbrio e na qualidade faz com que você possa discutir por que gosta ou não de um vinho. Você caminha da apreciação dos aromas e dos sabores para a sensação do paladar, a estrutura e a harmonia de um vinho, aprendendo por que esses elementos são importantes. Seguindo esse raciocínio, você pode dizer quando um vinho é insosso e, caso seja, devolvê-lo com confiança. Como o vinho é eminentemente social, os capítulos seguintes oferecem considerações sobre como servir um vinho com classe.

Capítulo 6

Como Degustar Vinho Como um Profissional

101. As duas coisas que os degustadores profissionais do vinho analisam quando estão degustando são a qualidade (de alto a baixo) e seu nível de maturidade (se ainda não está ultrapassado, se está em perfeitas condições para ser bebido ou se ainda melhoraria se continuasse na garrafa). Idade e maturidade são coisas distintas. A idade é o período de existência do vinho, o que pode ser determinado rapidamente pela data da safra, enquanto a maturidade é o critério por meio do qual aferimos se o vinho atingiu seu ápice para ser degustado.

102. A aparência de um vinho na taça oferece dicas gerais sobre a qualidade e o nível de maturidade. A melhor maneira de se olhar uma taça de vinho é sob boa iluminação clara e contra um fundo branco. Um bom método é ficar ao lado de uma janela com uma folha de papel ou um guardanapo branco atrás da taça. O papel parece límpido? Essa é uma das primeiras indicações de qualidade. O vinho deve estar límpido.

103. Assim como a limpidez, o brilho de um vinho é importante. Ele pode variar de brilhante e radiante até muito embaçado. O brilho na taça pode indicar alto nível de acidez, bem como juventude e vigor. Contudo, um vinho muito embaçado geralmente já passou do ponto, principalmente se apresenta um tom alaranjado.

104. O brilho pode ainda indicar certos tipos de vinificação. Se um vinho apresenta brilho radiante, provavelmente foi rigorosamente filtrado a fim de remover as menores partículas, o que é uma prática controversa. Os críticos argumentam que ela remove aromas e sabores, enquanto seus proponentes defendem o modo como ela clareia e estabiliza o vinho que, quando não é filtrado, tem uma aparência límpida na taça, mas ligeiramente embaçada.

105. A cor do vinho, na posição em que entra em contato direto com a taça, conhecida como borda, é a melhor dica de sua maturidade. À medida que um vinho branco amadurece, sua borda se modifica em uma gama de cores, indo do incolor ao amarelo-dourado. Já os vinhos tintos iniciam com uma cor violácea, progredindo para o rubi, o marrom-avermelhado, o tijolo, finalmente atingindo o marrom.

106. O remanescente do vinho nas paredes da taça após um movimento circular, conhecido por pernas ou lágrimas, mostra os níveis de álcool e açúcar. Se você notar pernas muito evidentes, observe e espere alto nível de álcool ou de açúcar no paladar.

107. O órgão mais importante na degustação não é a língua, mas sim o nariz. As glândulas olfativas são muito mais sensíveis que as papilas gustativas. Se não acreditar em mim, experimente degustar algo quando seu nariz estiver congestionado. Lembre-se sempre de inalar a taça antes de colocá-la na boca. Isso melhorará de maneira considerável seus conhecimentos de degustação.

108. Para sentir o nariz de um vinho, usando a linguagem de vinhos, gire a taça vigorosamente para estimular a liberação dos aromas. A seguir, dê uma inalada profunda. Alguns degustadores que percebem melhor com uma narina que com a outra inclinam a taça para esse lado.

109. O vinho deve ter um aroma límpido. Ao sentir o nariz de um vinho, observe se há cheiro de mofo. Esse tipo de odor geralmente indica defeitos ou simplesmente falta de higiene na adega do produtor — o que não é nada convidativo. Falaremos mais a respeito no Capítulo 8, "Como Detectar um Vinho Defeituoso e Devolvê-lo".

110. Alguns vinhos não demonstram qualquer tipo de aroma e são denominados "fechados". Isso pode ocorrer em vários estágios da evolução de um vinho e não é um defeito. Ao mesmo tempo em que algumas variedades de uvas são muito aromáticas, como a Sauvignon Blanc, outras são naturalmente fechadas, como nos vinhos elaborados com a Trebbiano.

111. A terceira coisa que deve ser observada em relação ao nariz é o olfato. Ele nos indica com qual uva o vinho foi elaborado, bem como nível de qualidade, idade e maturidade. A presença de uma maior complexidade no nariz geralmente indica um vinho de melhor qualidade, talvez já com certa idade e evoluindo em um processo contínuo de maturidade.

112. Os aromas primários são provenientes da própria uva, tais como o de violetas e rosas, do pimentão-verde e assim por diante. Os aromas secundários são provenientes do processo de vinificação. Morango, maçã, amora, banana, abacaxi, frutas vermelhas silvestres, pão e manteiga, por exemplo, originam-se do processo de fermentação, enquanto o tostado, a baunilha e os aromas de especiarias vêm do envelhecimento em barricas de carvalho. Os aromas terciários são criados durante o envelhecimento, quando já engarrafados, como as caças, o couro, o tabaco, o alcatrão, o cogumelo branco e as flores desidratadas.

113. Após você ter observado e inalado o vinho, é chegada a hora de tomar um gole e de bochechar delicadamente para que o vinho entre em contato com toda a superfície da língua. Cada parte desse órgão detecta uma sensação específica: o doce, o ácido, o amargo, e assim por diante.

114. O doce é sentido na ponta da língua. Prestar atenção nessa parte da língua ao degustar um vinho ajuda a detectar os níveis de açúcar: do extremamente seco ao intensamente doce. Analisar o nível de açúcar exige prática, pois os outros elementos no vinho, como o nível de acidez e a intensidade da fruta, acobertam o açúcar. Essa é a razão pela qual muitas pessoas pensam que estão bebendo um vinho seco, mas, na realidade, estão bebendo um vinho doce.

115. A sensação ácida, conhecida como acidez, é percebida nas laterais da língua. Enquanto alguns tipos de vinhos e uvas são mais ácidos que outros, todos os vinhos devem ter alguma acidez, que limpa o paladar pela salivação que provoca. Um vinho com nível de acidez relativamente alto é geralmente tido como refrescante, enquanto um vinho com pouca acidez, como sem graça.

116. Para que um vinho com alto teor de açúcar seja agradável de beber, ele deve ser igualmente alto em acidez. Esse equilíbrio é importante, porque sem ele você não gostaria de beber mais que um ou dois goles. Seria um vinho muito doce.

117. Os taninos são compostos adstringentes encontrados na casca, nas sementes e nas hastes das uvas, partes que permanecem em contato com o suco que está fermentando quando o vinho tinto está sendo elaborado. Essa é a razão pela qual os taninos são, geralmente, encontrados só em vinhos tintos. Na elaboração dos vinhos brancos, apenas o suco das uvas é fermentado. Os taninos também são encontrados no carvalho e, por isso, vinhos brancos ocasionalmente podem apresentar um tanino delicado quando maturados em carvalho.

118. Os taninos são percebidos na gengiva como uma sensação de secura e são os responsáveis pela estrutura do vinho. Essa estrutura permite que o vinho envelheça, seja guardado e faça frente aos pratos. A presença dos taninos é percebida também no chá preto forte e na pele das nozes.

119. Há diferentes taninos. Os maduros têm sabor aveludado, enquanto os verdes são duros. Sinta a diferença entre comer uma fruta bem madura e outra que ainda não amadureceu. Atualmente é costume na Califórnia deixar as uvas permanecerem nas videiras por mais tempo que o habitual, para amadurecer os taninos completamente e eliminar a sensação de verde. Em outras regiões, como no Loire, na França, a permanência de uma pequena quantidade de taninos imaturos adiciona nuances em seus vinhos tintos.

120. A intensidade da fruta — também chamada concentração de fruta ou extrato — deve estar em equilíbrio com os níveis de tanino e de acidez. A intensidade da fruta é percebida por meio da sensação tátil do peso do vinho na boca.

121. A complexidade é uma das características de um vinho de boa qualidade e sugere frutas, vegetais, minerais, animais, flores, madeira, especiarias, ervas e aromas que se desprendem de produtos que são queimados, como os da fumaça, das torradas, do caramelo e dos assados.

122. O nível alcoólico é percebido em forma de calor na parte posterior do palato, após a deglutição ou expulsão do vinho pela boca. O álcool está em equilíbrio se não predomina. Na verdade, você não sentirá o álcool se o vinho estiver equilibrado. Em um vinho muito velho, com conseqüente perda da fruta, ou produzido em um ano muito quente, o nível alcoólico pode ser muito alto, uma experiência não muito agradável de se provar.

123. Após o vinho ser deglutido, inicie uma contagem até todo o sabor desaparecer. Quanto mais tempo durar, melhor o vinho.

124. Após degustar um vinho metodicamente, você poderá determinar se ele está equilibrado, o que significa que nenhum dos elementos sobrepuja aos outros. Se um dos elementos se destacar, considere o estilo típico do vinho. Um Sancerre, por exemplo, deve mostrar alta acidez e um Barolo, alto nível de taninos.

125. Uma vez degustado o vinho, levando em consideração seus elementos, você estará apto a determinar com certeza o estágio de maturação. Ele é muito jovem, está pronto para ser bebido ou já passou sua melhor fase? Sabendo a concentração da fruta e que nos vinhos tintos os taninos diminuem com a idade enquanto a acidez e o álcool permanecem os mesmos, vinhos com mais fruta e taninos que acidez e álcool melhoram com a idade. Quando a concentração da fruta e os taninos estão em equilíbrio com o nível de acidez e álcool, o vinho está pronto para ser bebido.

126. O equilíbrio, a concentração, a complexidade e a profundidade são as pedras fundamentais de um vinho de qualidade. Associe esses elementos ao preço e poderá determinar se o vinho tem boa relação preço/qualidade.

127. Uma maneira fácil de lembrar como um profissional degusta um vinho é seguir os três órgãos do sentido de cima para baixo — os olhos para enxergar, o nariz para cheirar e a boca para saborear.

128. Quando encontrar um vinho que lhe apraz, faça algumas anotações para lembrar dele. Ele traz reminiscências de canela, caju, fumaça, alcatrão, charutos, alfazema, tomilho? Ele o impressiona como meditativo, chique, provocante, harmonioso, elegante, poderoso ou sedutor? Arquive suas impressões e, quando necessário, ative sua memória.

Capítulo 7

Como Servir Vinho Como um Profissional

129. Quando servir vários vinhos, sirva o branco e o *rosé* antes do tinto, as safras mais jovens antes das mais antigas e os mais secos antes dos mais doces.

130. Resfriar o vinho é uma boa maneira de melhorar o sabor daqueles de qualidade inferior. O resfriamento mascara imperfeições como excesso de acidez, ausência de complexidade, ou pouca fruta. Por outro lado, o resfriamento excessivo de um bom vinho esconde as nuances de seu sabor que o tornam interessante e agradável.

131. A temperatura de serviço é muito importante para qualquer tipo de vinho. Muitos vinhos brancos tendem a melhorar o sabor quando servidos com temperatura ligeiramente acima daquela de quando foram retirados da geladeira, abaixo dos cinco graus centígrados, o que mascara seu sabor. A melhor maneira é retirar o vinho branco da geladeira dez minutos antes de servir, para que aqueça um pouco. Sirva os vinhos brancos finos, como o Bourgogne, alguns graus mais altos ainda, para liberar as miríades de seus aromas e sabores.

132. Os vinhos tintos têm melhor sabor quando servidos um pouco mais frios que a temperatura ambiente, entre 16 e 18 graus centígrados. Os tintos de corpo mais leve, na faixa mais baixa; os mais encorpados, na faixa mais alta.

133. As taças são importantes. A Riedel é a marca de taça de cristal que os negociantes geralmente usam para as degustações profissionais, porque exaltam as qualidades dos vinhos. Essa marca combina o formato das taças aos vários estilos de vinho para causar maior impacto, e isso funciona, mas comprar toda a coleção pode sair muito caro. Georg Riedel, o proprietário da empresa, já desenhou centenas de taças. A menos que você beba um só tipo de vinho regularmente, eu recomendaria um conjunto de taças Bordeaux Gran Cru, para os vinhos tintos, um conjunto de Chablis (Chardonnay) para os brancos, e um conjunto de taças altas para as bolhas do Champagne — todas comercializadas na série *Sommeliers*.

134. Se preferir não investir nas Riedel, você ainda pode exaltar as qualidades de um vinho servindo-o em uma taça cujo diâmetro da boca seja menor que o do corpo, para melhor capturar o aroma.

135. Existem duas razões para se decantar um vinho: separá-lo de seus sedimentos e oxigená-lo. Vinho tinto com longo tempo de garrafa forma sedimentos, então é melhor decantá-lo. Quase todos os vinhos — particularmente os tintos encorpados — beneficiam-se da aeração. As exceções são os de safras muito antigas, que necessitam de uma decantação muito cuidadosa para separar os sedimentos, mas que podem perder suas características com o contato prolongado com o ar.

136. Há diferentes tipos de decanteres para diferentes tipos de vinhos. Os jovens necessitam de mais oxigênio para abrir que os de safras mais antigas, então um decanter com base mais ampla é melhor, oferecendo ao vinho maior superfície em contato com o ar. Os vinhos de safras mais antigas são mais frágeis e, por isso, decanteres altos e mais estreitos são melhores, expondo, assim, menor quantidade de vinho ao ar, o que facilita, igualmente, a separação dos sedimentos.

137. Para preparar um vinho de uma safra antiga para a decantação, coloque-o de pé cuidadosamente por vários dias para que os sólidos desçam ao fundo da garrafa. Depois, ilumine a garrafa com uma fonte de luz para verificar a sedimentação.

138. Não é necessário nenhum recipiente sofisticado para a decantação. Um funil e uma garrafa vazia, limpos, é o suficiente. Lentamente, passe o conteúdo de uma garrafa para a outra. Em determinadas ocasiões, usar um belo decanter é certamente mais apropriado.

139. Sirva os vinhos de safras antigas imediatamente após a decantação para que não percam seus frágeis aromas e sabores.

140. Um vinho tinto muito jovem e muito encorpado geralmente se beneficia com uma dupla decantação, o que significa decantar o vinho de sua garrafa original para um decanter e de volta para a garrafa original. Isso propicia uma aeração maior que uma decantação simples.

Capítulo 8

Como Detectar um Vinho Defeituoso e Devolvê-lo

141. A primeira maneira de se detectar um vinho defeituoso é com os olhos. O vinho de aparência enfumaçada geralmente sugere contaminação bacteriana, mas, em um vinho tinto, pode ainda ser sedimento em suspensão, devido ao envelhecimento em garrafa. Se for um defeito, o aroma e o sabor do vinho estarão ausentes e o cheiro será de mofo ou fermentado.

142. Cristais semelhantes aos de açúcar no fundo da garrafa ou taça de um vinho branco não sugerem um defeito. Trata-se de depósito de ácido tartárico, naturalmente encontrado nas uvas e que não compromete a qualidade de um vinho. Esses cristais são geralmente formados devido ao resfriamento do vinho após a fermentação de um vinho. É interessante saber que um dos ingredientes utilizados em culinária, o cremor de tártaro, é extraído do ácido tartárico que se adere às paredes das barricas de vinho já utilizadas.

143. As pequenas bolhas presentes em uma taça de vinho não frisante podem significar duas coisas: ou o vinho está defeituoso devido a uma fermentação espontânea na garrafa, o que não é bom, e por isso apresentará forte cheiro de maçãs e fermento, ou o produtor deliberadamente deixou gás carbônico na garrafa para manter seu frescor. Neste último caso, não encontraremos o forte cheiro de fermento e não há razão para se preocupar.

144. A maioria dos defeitos de um vinho é detectada pelo olfato e confirmada pelo paladar. O mais comum é a contaminação da rolha, conhecida por TCA, nome usado para o 2, 4, 6 tricloroanisol, encontrado em várias fontes — da madeira à água de beber. Se um vinho é contaminado por TCA, ou "arrolhado", como dizemos, o cheiro vai do mofo ao papel ou tecido envelhecido e molhado, até se encontrar ausência total de aromas frutados. Tenha cuidado ao dizer que um vinho com ausência de fruta está contaminado por TCA, pois isso pode ocorrer por várias causas. Para confirmar que foi devido ao TCA, procure pelo cheiro típico do mofo que se forma nas paredes quando vaza água. Aí, sim, devolva a garrafa.

145. A contaminação por TCA é mais evidente em vinhos espumantes que nos não-espumantes, porque o gás carbono, que dá bolhas ao vinho, também provoca a evaporação desse composto, tornando-o mais evidente ao olfato.

146. Se você detectar o cheiro de ataduras, provavelmente isso se deve ao Brettanomyces, conhecido por Brett, um fermento que contamina o vinho. Esse defeito aparece porque o Brettanomyces prolifera-se em vinhos já maduros submetidos a intenso processo de extração da fruta e com relativo alto teor alcoólico — um estilo de vinho cada vez mais popular. Ainda que seja considerado estritamente um defeito, muitos críticos concordam que um pouco de Brett no olfato e no paladar pode exaltar os sabores de um vinho ao acrescentar nuances interessantes. O Brett é muitas vezes confundido com o característico aroma de carne de caças da uva Mourvèdre encontrado em muitos dos vinhos tintos do Rhône.

147. Está sentindo um inconfundível aroma de gerânio emanando da taça? Trata-se também de um defeito provocado por uma reação química no vinho em que foi adicionado o sorbato de potássio e submetido à fermentação maloláctica durante sua vinificação.

148. Se você detectar um aroma de ovos podres, certamente trata-se de um vinho defeituoso. O cheiro é o do sulfeto de hidrogênio, que deveria ter sido totalmente removido durante a vinificação. Entretanto, se você colocar uma moeda de cobre na taça do vinho que apresenta esse defeito, o sulfeto de hidrogênio será removido.

149. Aromas de vinagre significam que o vinho já passou sua melhor fase, está aberto por muito tempo ou permaneceu em contato prolongado com oxigênio.

150. Se o vinho tem odor de fósforo recentemente aceso, ele contém excesso de enxofre flutuando livre, e por isso o vinho é defeituoso.

151. Um aroma de verniz, cola ou removedor de esmalte de unhas é um defeito devido à presença de acetato etílico no vinho. Não se trata de um aditivo químico, mas sim o éster mais comum encontrado no vinho e um composto orgânico natural em muitas frutas. Considera-se grandes quantidades dessa substância como um defeito, ao passo que quantidades levemente perceptíveis contribuem para a complexidade na taça, o que é bom.

152. Se você degustar um vinho branco que aparenta já ter passado seu pico — talvez com pouca fruta ou com alto teor alcoólico —, compartilho um segredo: sirva-o em uma taça com um pouco de licor de cassis. Isso lhe dará uma dose de Kir, meu aperitivo francês predileto.

Parte 3

Revelando os Sabores do Mundo

As videiras extraem os elementos do solo e os depositam em cachos de frutas que crescem ao sol. Quando bebemos vinho, bebemos seu local de origem. Os viticultores podam alguns cachos das uvas para ajudar na concentração de nutrientes nos poucos cachos restantes.

Os produtores do vinho selecionam as frutas cuidadosamente, mantendo apenas aquelas que são boas o suficiente para serem comidas. Elas são prensadas, fermentadas e depois maturadas. Os vinhos são engarrafados na esperança de que os consumidores se apaixonem por eles e os compartilhem com os amigos. Bebam-nos em almoços de família. Guardem algumas garrafas.

Na maior parte do mundo, os melhores produtores são artesãos apaixonados que se importam tanto com a beleza do vinho como com seu comércio. Embora esse seja um denominador comum de país para país, de região para região, os estilos de vinho variam, influenciados pelas pessoas e pelos locais que o produzem.

Bordeaux sugere reis. Châteaux, descendência e tradição. Prestígio. Talvez seja essa a razão pela qual esses vinhos atinjam preços tão altos. Ou talvez porque eles sejam tão interessantes; elaborados para durar, os melhores tintos se transformam, à medida que amadurecem, em memoráveis e sofisticadas criações, forçando aqueles que os bebem a reverenciá-los e a fazerem uma pausa após cada gole.

Os tintos do Pomerol e Saint Emilion transbordam com chocolate amargo, cerejas maduras e creme. Preciosidades de lugares como Pauillac mostram plena virilidade, com aroma e sabores de cassis e da terra, especiarias e charutos. E as belas jóias de Sauternes, com o sabor do mel, brilham dourado nas taças. Como muito da maneira de viver à francesa, o melhor de Bordeaux lembra-nos de um simples desejo por prazer, e Bordeaux é apenas uma das várias regiões da França que produzem vinhos soberbos. Outros países podem ter mais riquezas, poder, *sex appeal*, sol brilhante e praias, mas a França tem seus vinhos.

Os vinhos italianos nascem no momento em que são abertos, participam de uma reunião de família e amigos, são cercados de boa comida. Manifestam-se como um acompanhamento e não estão sós. Eles são e sempre serão o óleo que lubrifica as ocasiões sociais. Têm nuances e sabores para harmonizar até em pequenas áreas em que as condições de vida são as mais árduas, nos mais remotos e abandonados recantos de um país. Os intrépidos Barolos e os Barbarescos combinam com o estilo de vida do Noroeste. Os Trebbianos, sopranos, relacionam-se com saladas, peixes e pães ao azeite. Os espumantes Proseccos do Vêneto são bebidos com *glamour* em lugares como Veneza, acompanhados de pequenas cumbucas de azeitonas gigantes e vários tipos de castanhas crocantes.

Ao mesmo tempo em que mantém a tradição de

seus vinhos, a Itália enfrenta a competição do Novo Mundo, da Califórnia, da Austrália e do Chile, que produzem vinhos frutados, fáceis de serem bebidos em coquetéis e não como acompanhamento para pratos. Dissidentes italianos abandonaram os rígidos controles aplicados aos vinhos para competir. Agora, os Supertoscanos são a resposta da Itália para os melhores Cabernets da Califórnia, enquanto os Merlots da Sicília, os Cabernet Sauvignon e os Chardonnays competem com o Chile e a Austrália na faixa abaixo dos 10 dólares.

Depois vem a Espanha. Desde os vinhos com aromas de morangos cobertos com chocolate quente e baunilha da Rioja até os desconhecidos e depreciados Jerez, no sul, que misturam frutas secas e caramelo, casquinha de laranja e mel em uma taça e o convidam para um gole, a Espanha é hedonismo. Os vinhos espanhóis não pretendem ser nada mais que uma taça cheia de pura gratificação. Como é tradição não vender vinhos espanhóis antes de estarem maduros, suas garrafas já deixam as adegas maduras e prontas para serem bebidas.

Portugal nos oferece os Tawnies, que brilham através da luz, ricos em aromas de castanhas torradas e de *butterscotch*, bem como o aveludado Porto Vintage, produzido em anos excepcionais. O vinho do Porto é a mais conhecida das preciosidades portuguesas, mas o Madeira, produzido na ilha do mesmo nome, é igualmente fascinante.

A Alemanha é subestimada. Certamente, já que o país produz vinhos doces, enquanto a maioria dos consumidores prefere os secos, mas mesmo os mais doces são muitas vezes desvalorizados quanto ao seu charme, apesar do perfeito equilíbrio, da harmonia e da estrutura. Além disso, grande parte do mundo, quando pensa estar bebendo um seco, está na verdade bebendo um doce. Talvez a grande resistência aos vinhos da Alemanha, com seu toque de açúcar, tenha a ver com os obstáculos que eles nos apresentam quando planejam de um menu. Os vinhos com açúcar residual são muito doces para harmonizar com a maioria dos pratos e muito secos para as sobremesas. A solução está nos aperitivos. Esses vinhos são perfeitos estimulantes do apetite. Como cada vez mais as pessoas escolhem beber vinho como coquetel, não há razão para não nos voltarmos para a Alemanha. Eles ganham da combinação Coca-Cola e rum.

A Nova Zelândia, o Canadá, a Califórnia, a Austrália, o Chile, a Argentina, a Hungria e todas as áreas vinícolas têm uma história para contar. E cada produtor de vinhos trabalha com o mesmo objetivo — oferecer um prazer genuíno. Aqui, um brinde a cada um deles.

Capítulo 9

O Vinho Francês

Os Vinhos de Bordeaux

153. Os vinhos tintos de Bordeaux geralmente são uma mistura de duas a cinco variedades de uvas: a Cabernet Saùvignon, a Merlot, a Cabernet Franc, a Malbec e a Petit Verdot. Em Bordeaux, misturam-se essas uvas para dar força, complexidade e elegância. Na França, essa arte de misturar é chamada *assemblage*.

154. Os vinhos brancos de Bordeaux são elaborados com a Sémillon, a Sauvignon Blanc e a Muscadelle.

155. A Merlot é a uva mais cultivada de toda a área e transmite sabor acentuado de cereja e suave frescor aos vinhos.

156. A Cabernet Sauvignon transmite aos vinhos alto nível de taninos e cassis (groselha preta), bem como potencial para o envelhecimento.

157. Em alguns casos, os vinhos com alta proporção de Cabernet Sauvignon, elaborados nos anos de boas safras por produtores de alta classe, podem melhorar na garrafa por mais de cinqüenta anos.

158. Os grandes vinhos de Bordeaux são os mais caros do mundo, com garrafas sendo vendidas por milhares de dólares. O Château Pétrus, amplamente conhecido como o maior de todos os vinhos de Bordeaux, bateu todos os recordes em dezembro de 2005, quando uma garrafa imperial da safra de 1982 alcançou mais de 34.000 dólares na casa de leilão Sotheby´s, no Reino Unido. A garrafa imperial equivale a oito garrafas de tamanho normal.

159. Os vinhos da região de Médoc, em Bordeaux, são ranqueados de acordo com uma classificação elaborada em 1855. A classificação dispõe os vinhos em cinco divisões, chamadas *cru classé* — classificados —, que permanecem até hoje como sendo dos principais produtores da região. As duas únicas modificações desde a classificação original foram a adição do Château Cantermele, omitido por distração e adicionado alguns dias, após a liberação da primeira lista, e a elevação do Château Mouton-Rothschild, em 1973, da segunda para a primeira classificação.

160. Existem sessenta e um vinhos classificados em Bordeaux, com base na classificação de 1855.

161. Os seguintes vinhos são *Premiers Crus*: Château Lafite-Rothschild, Château Latour, Château Margaux, Château Haut-Brion e Château Mouton-Rothschild.

162. Os seguintes são *Deuxièmes Crus*: Château Rausan-Ségla, Château Rauzan-Gassies, Château Léoville-Las-Cases, Château Léoville-Poyferré, Château Léoville Barton, Château Durfot-Vivens, Château Gruaud-Larose, Château Lascombes, Château Brane-Cantenac, Château Pichon-Longueville Baron, Château Pichon-Longueville-Comtesse-de-Lalande, Château Ducru-Beaucaillou, Château Cos d'Estournel e Château Montrose.

163. Os *Troisièmes Crus* incluem: Château Kirwan, Château d'Issan, Château Lagrange, Château Langoa-Barton, Château Giscours, Château Malescot St. Exupéry, Château Cantenac-Brown, Château Boyd-Cantenac, Château Palmer, Château La Lagune, Château Desmirail, Château Calon-Ségur, Châteu Ferriére e Château Marquis d'Alesme Becker.

164. Os *Quatrièmes Crus* incluem: Château St. Pierre, Château Talbot, Château Branaire-Ducru, Château Duhart-Milon-Rothschild, Château Pouget, Château La Tour-Carnet, Château Lafon-Rochet, Château Beychevelle, Château Prieuré-Lichine e Château Marquis-de-Terme.

165. Os *Cinquièmes Crus* incluem: Château Pontet-Canet, Château Batailley, Château Haut-Batailley, Château Haut-Bages-Libéral, Château Grand-Puy-Lacoste, Château Grand-Puy-Ducasse, Château Lynch-Bages, Château Lynch-Moussas, Château Dauzac, Château d'Armailhac, Château du Tertre, Château Pédesclaux, Château Belgrave, Château Camensac, Château Cos Labory, Château

Clerc-Millon, Château Croizet-Bages e Château Cantemerle.

166. No caso de você estar pensando como seria o sabor dos vinhos classificados, aqui estão alguns dos meus favoritos da safra 2001:

- Château Lynch-Bages
  Pêssegos e couro. Damasco e terra. Enche a boca com sua concentração e sua boa estrutura. Aroma e sabor de trufas negras, terra, suor e cassis. Um vinho profundo. Um final longo e delicioso. O espírito zen em uma taça.
- Château Pontet-Canet
  Aromas de cassis, alcaçuz e um leve defumado. Equilibrado, mas com estrutura firme e concentração séria. Ao paladar, mostra sabores de pão recém-torrado, alcaçuz e defumado. Final longo. Uma agradável bebida ao final do dia. Gratificação instantânea.
- Château Talbot
  Cerejas ácidas e chocolate com especiarias e baunilha no aroma. Sedoso na boca. Encorpado e denso com cereja, cassis, baunilha e especiarias no paladar. Boa estrutura, taninos maduros, equilibrado, concentrado e final longo. Sedutor.

167. Os melhores produtores de Bordeaux recebem alta quantia em dólares pelos seus vinhos. Confesso que, na maioria das vezes, eles merecem cada centavo. Aqui algumas das razões pelas quais isso acontece:

- Château Beau-Sejour Becot 2001
  Maduro ao olfato com aromas de frutas vermelhas, baunilha e certa leveza. Especiaria. Aroma delicioso. Taninos firmes e maduros e paladar

com toque de madeira, especiarias, baunilha e frutas secas. Final longo. Delicioso.

- Château Canon-la-Gaffeliere 2001
  Ligeiramente fechado ao olfato com os aromas de terra e mineral recobertos pelo frutado de cerejas. Maduro ao paladar, muito compacto com os sabores de nozes, chá e cassis. Taninos maduros e boa estrutura. Certeza de bom amadurecimento. Um final longo, minucioso e firme. Um vinho sério, com um estilo cativante e ligeiramente selvagem.
- Château Giscours 2001
  Tabaco e caramelo ao olfato, bem como couro e cassis. Ao paladar, é perfeitamente equilibrado, concentrado, denso, com taninos maduros. Complexo, com cassis, defumado, tostado, tabaco e couro. Um final longo. Divino.
- Château Grand-Puy Ducasse 2001
  Ao olfato, cassis maduro e frutas do bosque. Equilibrado. Uma boa concentração com sabores de frutas secas, passas e cassis. Complexo, com um final longo.
- Château Grand Mayne 2001
  Mineral ao olfato, com cereja e baunilha. Boa estrutura e equilibrado, com sabores de cereja, chocolate e baunilha. Boa concentração e final.
- Château Gruaud Larosse 2001
  Excelente potencial de envelhecimento. Frutas maduras ao olfato, com um toque de especiarias e juventude. Maduro e encorpado, com estrutura equilibrada. Concentração rica em cassis, cereja, frutas vermelhas, ervas e especiarias. Final de médio para longo.
- Château Kirwan 2001
  Ao olfato mostra cassis, ervas, violeta, flores silvestres e rosas. A estrutura é bem equilibrada.

Os sabores refletem o olfato, com um toque de especiarias e de baunilha adicional. Café forte ao final e muito longo. Exótica mistura de finesse feminina e força masculina.

168. Muitas das propriedades classificadas produzem os chamados "segundos vinhos" que, geralmente, oferecem uma excelente relação preço/qualidade. Esses vinhos são elaborados com uvas de qualidade ligeiramente inferior, ou mais jovens, de uma propriedade consagrada, mas mantêm os mesmos sabores característicos daquele produtor e o *terroir*.

169. O Reserve de La Comtesse é o segundo vinho do Château Pichon-Longueville-Comtesse de Lalande. Foi elaborado pela primeira vez em 1973.

170. O Pavillon Rouge du Château Margaux é o segundo vinho do Château Margaux.

171. O Clos du Marquis é o segundo vinho do Château Léoville-Las-Cases.

172. O Les Carruades de Lafite é o segundo vinho do Château Lafite.

173. O Les Forts de Latour é o segundo vinho do Château Latour.

174. Os vinhos do *Cinquième Cru*, Château Pédesclaux em Pauillac, recentemente obtiveram considerável melhora devido à modernização da vinícola e ao refinamento no processo de elaboração dos vinhos. Desde 1996, a família Jugla, proprietária do Château, renovou a área de recepção das uvas, a área de fermentação e a adega com o objetivo de melhorar a qualidade do produto final.

175. Outra propriedade em Bordeaux que melhorou muito é o Château La Tour-Carnet, adquirido em 2000 pelo negociante Bernard Magrez. Sob sua direção e sob orientação do consultor em vinhos Michel Rolland, modificações foram introduzidas e resultaram em vinhos mais untuosos e encorpados.

176. Se você aprecia os vinhos classificados de Bordeaux, mas não quer pagar pelo preço, sempre há uma barganha aqui ou acolá. Patrick Léon, responsável pela produção dos vinhos do Château Mouton-Rothschild de 1985 até 2003, adquiriu o Château les Trois Croix, localizado em Bordeaux, em 1995, em que trabalha com o filho e a filha na elaboração de um excelente vinho vendido por uma fração do preço do famoso *Premier Cru*. Degustei a safra 2002 do Château les Trois Croix em março de 2006 e fiquei impressionada com seus sabores ricos e opulentos de frutas vermelhas frescas e taninos maduros e sedosos. Não é um Mouton, mas é muito bom. (Veja a lista do melhores vinhos até 20 dólares, no final deste livro.)

177. Os vinhos de St. Emilion são classificados de maneira diferente daqueles da região do Médoc. De acordo com o sistema de classificação estabelecido em 1995 e regularmente revisado a cada década, os vinhos são ordenados em quatro categorias: Premier Grand Cru Classé A, Premier Grand Cru Classé B, Grand Cru Classé e Grand Cru. A reclassificação dos vinhos St. Emilion de Bordeaux foi anunciada em 2006.

178. As duas vinícolas Premier Grand Cru A incluem o Château Ausone e o Château Cheval Blanc.

179. As onze vinícolas Premier Grand Cru B incluem: Château Canon, Château Belair, Château Clos Fourtet, Château Trotte Vieille, Château Angélus, Château Figeac, Château Beau-Séjour Bécot, Château Cannon La Gaffelière, Château Beauséjour, Château Magdelaine e Château Pavie.

180. Cinqüenta e cinco Châteaux são classificados como Grand Cru Classé, enquanto cerca de seiscentos Châteaux são colocados sob a pomposa e ressonante classificação Grand Cru.

181. O Pomerol é a única região de Bordeaux que nunca foi formalmente classificada, mas o Château Pétrus e o Château Le Pin são amplamente reconhecidos como as vinícolas líderes em Bordeaux.

182. Uma vez que os vinhos tintos de St. Emilion e do Pomerol têm como base a Merlot, eles não são longevos como os de outras regiões de Bordeaux, onde os vinhos tintos são elaborados principalmente com a Cabernet Sauvignon. Geralmente, os vinhos tintos de St. Emilion e do Pomerol amadurecem durante um período de dez a vinte anos.

183. Os vinhos tintos do Pomerol tendem a ser mais potentes e encorpados do que os de St. Emilion.

184. Os vinhos de Fronsac, Bourg e Blaye são verdadeiras barganhas. Essas regiões de Bordeaux oferecem similares tintos, com base na Merlot, a preços menores que os das regiões mais famosas de St. Emilion e do Pomerol. O Château les Trois Croix de Fronsac é um excelente exemplo de uma boa compra.

185. Se você é um apaixonado pelos vinhos de Bordeaux, a tal ponto de querer cheirar como eles, você é uma pessoa de sorte. O negociante Ginestet de Bordeaux recentemente colocou à venda três perfumes: o *Botrytis*, que tem aroma de Sauternes com mel, frutas cristalizadas e pão de gengibre; o *Le Boisé*, carvalho e especiarias; e o *Sauvignon*, que libera aromas de pêssego e *grapefruit*.

186. Os vinhos brancos de Bordeaux geralmente vêm da região de Graves e Entre-Deux-Mers. Como se espera, eles são frescos, com persistente aroma de frutas e característico caráter mineral.

187. Alguns vinhos tintos são produzidos na região de Graves, mas tendem a ser menos opulentos do que os outros encontrados na região, embora sejam elaborados com as mesmas uvas: a Merlot, a Cabernet Sauvignon e a Cabernet Franc.

188. Três produtores em Graves, que elaboram excelentes vinhos tintos, mas que são muito depreciados, são o Château des Graves, o Château Olivier e o Château de Castres.

189. Se você está interessado em experimentar bons vinhos Bordeaux brancos de Graves, que inclui a região de Pessac-Léognan, procure por qualquer um dos seguintes produtores: Château Haut-Brion, Château Laville Haut-Brion, Domaine de Chevalier Blanc e Château Pape Clément. Todos esses vinhos têm em comum um mineral acentuado, combinado com bom corpo e equilíbrio e sob uma delicada camada cítrica e de sabores florais.

190. A região de Graves foi classificada oficialmente em 1959, ordenando em uma lista as melhores propriedades produtoras de vinhos tintos e brancos. De acordo com essa classificação, os melhores vinhos tintos de Graves são: Château Bouscat, Château Haut-Bailly, Château Carbonnieux, Domaine de Chevalier, Château de Fieuzal, Château Olivier, Château Malartic Lagravière, Château La Tour-Martillac, Château Smith-Haute-Lafitte, Château Haut-Brion, Château La Mission-Haut-Brion, Château Pape-Clément e Château Latour-Haut-Brion.

191. Os melhores vinhos brancos de Graves oficialmente incluídos são: Château Bouscaut, Château Carbonnieux, Domaine de Chevalier, Château Olivier,

Château Malartic-Lagravière, Château La Tour-Martillac, Château Laville-Haut Brion, Château Couhins-Lurton e Château Couhins.

192. Apesar de a maioria dos vinhos tintos e brancos em Bordeaux ser elaborada com oito variedades de uvas — Cabernet Sauvignon, Merlot, Cabernet Franc, Malbec, Petit Verdot, Sémillon, Sauvignon Blanc e Muscadelle —, quatorze tipos são atualmente permitidos por lei.

193. As regiões de Barsac e Sauternes em Bordeaux são conhecidas por seus vinhos doces, que realmente são excitantes. A alta umidade dessas regiões cria condições que encorajam um certo tipo de fungo, chamado *Botrytis Cinerea,* a atacar as videiras. O *Botrytis Cinerea*, corretamente chamado de podridão nobre, desidrata as uvas e concentra seus açúcares, possibilitando a produção de vinhos doces.

194. Em 1855, a classificação ordenou em uma lista os melhores vinhos doces de Sauternes e Barsac. Essa classificação ainda existe nos dias de hoje.

195. O melhor vinho doce de Bordeaux, de acordo com essa classificação, é o Château d'Yquem, da região de Sauternes. Ele é o único a ocupar o pedestal de *Premier Cru Supérieur*, significando primeira classe. Os seguintes vinhos seguem sua liderança:

- Premier Crus
  Château Climens
  Château Clos Haut-Peyraguey

Château Coutet
Château Guirard
Château Lafaurie-Peyraguey
Château Rabaud-Promis
Château de Rayne-Vigneau
Château Rieussec
Château Sigalas-Rabaud
Château Suduiraut
Château La Tour-Blanche

- Deuxièmes Crus

Château d'Arche
Château Broustet
Château Caillou
Château Doisy-Daëne
Château Doisy-Dubroca
Château Doisy-Védrines
Château Filhot
Château Lamothe-Despujols
Château Lamothe-Guignard
Château de Malle
Château de Myrat
Château Nairac
Château Romer-du-Hayot
Château Suau

196. Você está curioso para saber qual é o sabor dos vinhos doces festivos de Sauternes e Barsac? Aqui estão as anotações da degustação de um Château d'Yquem, da safra de 1982, realizada por um grupo de produtores em 24 de setembro de 2002: "Explosivo ao olfato que se inicia com defumado, mentol e aroma de *pinus*. Um *bouquet* que evolui constantemente com grande *finesse*, revelando nuances de fruta cristalizada, mel, compota de laranja e baunilha. O Yquem de 1982 é simplesmente maravilhoso ao paladar. Grande classe com contínua liberação de sabores diversos. O carvalho ainda se manifesta, mas está bem integrado. Ligeiramente picante ao final. Excelente equilíbrio. Grande potencial para envelhecimento". *Voilà*.

197. Os melhores vinhos doces de Bordeaux estão entre os mais longevos do mundo. Eles não apenas duram, mas também melhoram continuamente na garrafa, por até um século. Os vinhos de Sauternes geralmente obtêm preços mais elevados que os de Barsac.

198. O caráter de um vinho doce elaborado a partir das uvas afetadas pela podridão nobre lembra damascos enquanto jovens e se desenvolve em uma miríade de aromas, incluindo geléia de frutas, pêssego e mel.

199. Sauternes e pêssegos frescos são uma cartada no jogo de pôquer da harmonização de vinho e comida — especialmente quando consumidos em boa companhia, em um dia ensolarado.

200. Os vinhos doces Sauternes e Barsac devem ser servidos gelados.

201. Você está procurando uma alternativa para os Sauternes e Barsac? Vinhos brancos doces similares da região de Bordeaux vêm de Cadillac, Loupiac e Sainte-Croix-du-Mont e são geralmente mais baratos, mas igualmente menos intensos, pois as condições de cultivo são menos adequadas que aquelas de Sauternes e Barsac.

202. Em 2004, o Bordeaux mais vendido mudou sua *assemblage*. O Mouton Cadet redesenhou seus rótulos e ficou mais frutado para se tornar mais atraente ao mercado atual. Os tintos são elaborados com uma maior proporção de Merlot, e os brancos com mais Sauvignon Blanc. A Baron Philippe de Rothschild SA, produtora proprietária da marca, vende 13 milhões de garrafas por ano do Mouton Cadet em 150 países. Nessa faixa estão incluídos um tinto, um tinto reserva, um branco, um branco reserva e um *rosé*.

203. O Mouton Cadet Rouge tem sabor de amoras e cerejas com toques de framboesa e anis. O Mouton Cadet Médoc Reserve é ligeiramente mais rico e encorpado, mostrando sabores de pimenta preta e baunilha mesclados com frutas vermelhas e pretas.

204. O Mouton Cadet Blanc tem sabor de flores silvestres, limão, *grapefruit* vermelho, damascos e um toque de cascalho molhado. O branco reserva, Mouton Cadet Graves Sec, é mais rico e mais encorpado. Ele passa rapidamente do aroma do limão Taiti e casca do amarelo siciliano para o sabor mineral ancorado pela baunilha e o defumado.

205. O Mouton Cadet Rosé é um vinho seco com caráter persistente de morangos. Não é um dos melhores vinhos *rosé* existentes.

206. Uma das melhores relações preço/qualidade em Bordeaux, na minha opinião, é o Calvet. O tinto reserva oferece toda a tipicidade de um Bordeaux tinto clássico: aromas e sabores de cedro, madeira de um lápis, cassis, especiarias e cerejas circulando em um vinho de corpo médio e sempre confiável, independentemente da safra.

207. Embora Bordeaux seja firme em tradição e um tanto quanto convencional, algumas propriedades praticam a viticultura orgânica. Entre elas Château Le Puy, Château Gombaude Guillot, Château Haut Nouchet e Domaine Ferran — que não deve ser confundido com o classificado Le Château de Ferrand.

208. Algumas propriedades em Bordeaux têm passado de orgânicas para os controvertidos métodos biodinâmicos que procuram forças cósmicas para auxiliar o crescimento de frutas de qualidade. Tratase de algo surpreendente, considerando o arraigado tradicionalismo dessa região. Entre os produtores biodinâmicos estão Château Falfas, Château Lagarette, Château La Grolet, Château Meylet, Domaine Rousset Peyraguey e Château La Grave em Fronsac — não deve ser confundido com o classificado em St. Emilion, Château La Grave Figeac.

209. As melhores safras recentes para os Bordeaux tintos e brancos são: 1998, 2000, 2002, 2003 e 2005. Na verdade, a expectativa para a safra 2005 é de que se torne uma lenda para os tintos, superando até a excepcional safra 2000.

210. As melhores safras recentes para os vinhos doces da região são: 1998, 1999, 2001 e 2003.

Os Vinhos da Bourgogne

211. A Bourgogne é constituída, literalmente, de milhares de pequenos viticultores, com produção própria de vinhos de qualidades diversas, bem como de grandes comerciantes que recebem o nome de *négociants*. Os *négociants* elaboram seus vinhos com uvas adquiridas de terceiros, bem como com as de seus próprios vinhedos.

212. Devido a sua grande fragmentação, a Bourgogne é uma das mais confusas regiões vinícolas do mundo e, por isso, é uma boa idéia encontrar um negociante de vinhos especializado naquela região, se pretende comprar vinhos em quantidades. Sem dúvida, essa poderá ser a mais satisfatória ou a mais frustrante compra de vinho que realizará.

213. Os melhores vinhos da Bourgogne são provenientes de viticultores, produtores e *négociants* de renome. Embora essa seja uma afirmação verdadeira em muitos lugares do mundo, ela se aplica particularmente na Bourgogne.

214. Na Bourgogne, há vários *négociants* respeitados: Joseph Drouhin, Faiveley, Louis Jadot e Bouchard Père et Fils. Cada um produz uma extensa gama de vinhos que geram alto dividendo pelo valor empregado.

215. O sistema de denominação de origem controlada da França regulamenta o vinho quanto à origem e não quanto à qualidade. Em lugar algum isso é tão importante como na Bourgogne, onde os produtores de vinhos de alta qualidade trabalham arduamente ao lado de produtores de qualidade mediana. Isso significa que o produtor é mais importante que a localização da vinícola quando adquirimos vinhos da Bourgogne.

216. Quatro uvas participam dos vinhos da Bourgogne: a Chardonnay e a Aligoté são as brancas e a Pinot Noir e a Gamay são as tintas. Os vinhos de qualidade são produzidos com a Chardonnay, enquanto a Aligoté produz vinhos acessíveis agradáveis para ser consumidos sem preocupação. Quanto aos tintos, os mais caros são os Pinot Noir ao passo que os mais baratos e fáceis de beber são os elaborados com a Gamay.

217. As sub-regiões de Bourgogne do norte ao sul são Chablis, a Côte d'Or (formada pela Côte de Nuits e a Côte de Beaune), Côte Chalonnaise, Mâconnais e Beaujolais. Cada uma dessas regiões produz estilos diferentes de vinhos.

218. Na Bourgogne, as videiras são adequadas ao tipo do solo. A Chardonnay cresce em solos calcários, enquanto o cultivo da Pinot Noir se dá melhor em terrenos que misturam argila e calcário. A Gamay é cultivada em terrenos graníticos ao sul de Beaujolais.

219. Na região de Chablis, ao norte da Bourgogne, as regiões produtoras de vinhos são classificadas de ótimas a medianas, com as principais classificações de *Grand Cru*, *Premier Cru*, Chablis e Petit Chablis.

220. Na região de Chablis, sete parcelas de terrenos são consideradas Grand Cru. São elas: Les Clos, Vaudésir, Balmur, Blanchot, Preuses, Grenouilles e Bougros. As garrafas dessas regiões apresentam a frase "Grand Cru", bem como os nomes das regiões demarcadas. As vinícolas Grand Cru podem produzir os mais requintados e duráveis vinhos de toda a região de Chablis, quando elaborados pelos produtores corretos. O Grand Cru Chablis pode ser considerado um vinho distinto e de um grande caráter.

221. Quarenta parcelas de terra são designadas como Premier Cru Chablis. As mais conhecidas incluem: Les Fourchaumes, Les Montmains, Les Beauroy, Les Vaudevey e Les Vaillons. Os vinhos dessas áreas apresentam as palavras "Premier Cru Chablis" e a região de sua origem nos rótulos. Os melhores Premier Cru Chablis apresentam controle heróico, mostrando toda sua delicadeza, graça e o subestimado poder de uma orquestra harmoniosa.

222. Vinhos rotulados simplesmente Chablis são do interior da consagrada região dos *Premier Cru* e *Gran Cru*. Podem ser muito bons, mas devem ser consumidos quando jovens, alguns anos após sua vinificação.

223. Os vinhos rotulados de Petit Chablis são produzidos com uvas originadas em solos de qualidade inferior, localizados fora do coração tradicional da região de Chablis. Esses vinhos podem ser muito bons, mas geralmente não possuem o pronunciado caráter mineral, característico dos rotulados como Chablis.

224. Jean-Marc Brocard é um eminente produtor de Chablis, que prefere a manutenção do intenso sabor mineral, marca tradicional dos vinhos da região, em vez do modismo por vinhos mais frutados. Se você aprecia o Chablis clássico, procure pelos vinhos desse honorável produtor.

225. Brocard produz uma gama de majestosos vinhos Chablis com aromas característicos de cascalhos, casquinha de limão, metálico e eventualmente de *grapefruit*. Eles geralmente são frescos, refrescantes e com um longo final. O Brocard Premier Cru é o mais interessante de todos, corretamente denominado Mineral, Extreme e Sensuel.

226. Se você aprecia o Chablis e está procurando por um tipo consistente e acessível, procure por aqueles da cooperativa La Chablisienne. São vinhos que vão do Grand Cru ao Petit Chablis, com sabor clássico, de boa qualidade e acessíveis. Além disso, La Chablisienne é responsável por cerca de um quarto de toda a produção de Chablis, e seus produtos são encontrados facilmente.

227. Na região de Chablis, o solo é predominante de calcário, recoberto por uma camada de argila denominada Kimmeridgian — cuja composição inclui ainda calcário e fósseis marinhos. Essa argila confere um sabor específico de cascalho molhado aos vinhos. Por essa razão, o Chablis é um vinho que pode facilmente adquirir o sabor de sua região e, por isso, é uma pena que sejam produzidos vinhos com excesso de fruta, mascarando o maravilhoso, ainda que sutil, reflexo desse requintado *terroir*.

228. O Chablis pode ser de uma elegância imensurável que nos satisfaz, mas é um vinho subestimado, facilmente sobrepujado por alimentos de sabores fortes. Minha harmonização favorita nesse caso seria uma lagosta condimentada na manteiga e um Chablis de Les Clos.

229. Os mais reverenciados vinhos de Bourgogne são os da Côte d'Or, que ganharam essa condição demonstrando sua grandeza durante centenas de anos.

230. Os melhores vinhos tintos de Bourgogne são provenientes de produtores qualificados da Côte de Nuits, enquanto os melhores brancos são provenientes de renomados produtores da Côte de Beaune. Juntas, essas duas regiões formam a Côte d'Or.

231. Os Bourgogne tintos da Côte de Nuits representam o Santo Graal, ao qual todas as outras regiões produtoras de Pinot Noir ao redor do mundo aspiram. Nenhuma delas até hoje conseguiu se equiparar, mas existem muitos vinhos bons produzidos em várias regiões dos Estados Unidos e da Nova Zelândia. Os tintos de Bourgogne podem ser verdadeiras jóias, e por isso, atingem preços astronômicos.

232. A hierarquia oficial dos vinhos na região da Côte d'Or, na Bourgogne, é a seguinte: Grand Cru, Premier Cru e os vinhos Village e Regional.

233. As seguintes vinícolas da Côte d'Or têm status de Grand Cru:

- Mazis-Chambertin
- Ruchottes-Chambertin
- Chambertin Clos-de-Bèze
- Chapelle-Chambertin
- Griotte-Chambertin
- Charmes-Chambertin
- Le Chambertin
- Latricières-Chambertin
- Clos de la Roche
- Clos St-Denis
- Clos des Lambrays
- Clos de Tart
- Bonnes Mares
- Le Musigny
- Clos de Vougeot
- Grands Échezeaux
- Échezeaux
- Richebourg
- Romanée-St-Vivant
- Romanée-Conti
- La Romanée
- La Grande Rue
- La Tâche
- Le Corton
- Corton-Charlemagne
- Chevalier-Montrachet
- Bienvenues-Bâtard-Montrachet
- Le Montrache
- Bâtard-Montrachet
- Criots-Bâtard-Montrachet

234. É fácil identificar um vinho Grand Cru, pois o nome da vinícola é colocado sozinho no rótulo. Os vinhos Grand Cru respondem por menos de 2% de toda a produção de Bourgogne.

235. Há 561 vinícolas Premier Cru na Bourgogne, que respondem por 11% dos vinhos produzidos na região. Reconhecemos esses vinhos, porque o nome da área produtora e o da vinícola geralmente são colocados nos rótulos — como: "Nuits-St-Georges 1er Cru", seguido de "Les St-Georges".

236. Se no rótulo de um vinho encontramos o nome de um distrito ou de uma região, como, por exemplo, Mâcon ou Volnay, o vinho foi elaborado com uvas daquele lugar. Assim, é chamado "Village".

237. Se a palavra *Bourgogne* é colocada no rótulo de um vinho, tal como Bourgogne Aligoté, trata-se de um vinho regional, que pode ter sido produzido com uvas de qualquer região de Bourgogne.

238. Vinhos de boa qualidade, pelo valor, podem ser encontrados tanto nos *villages* como nos regionais de bons produtores, mas não são vinhos de guarda.

239. O Côte de Beaune-Villages 2000, de Louis Jadot, é um exemplo da alta qualidade que os *négociants* podem oferecer. Esse Pinot Noir é recheado com cerejas negras, framboesas maduras e mirtilo, além de um toque de carne vermelha grelhada e *terroir*. Seu preço (abaixo de 20 dólares) é perfeito para quem deseja se iniciar nos vinhos tintos de Bourgogne.

240. Pommard — que não deve ser confundido com a casa Pommery de Champagne — é uma região da Côte de Beaune que produz vinhos tintos com a Pinot Noir.

241. O Domaine Prince Florent de Merode demonstra o quanto a Pinot Noir de Pommard pode ser sedutora com seu vinho Clos de la Platière 2003. O aroma de trufas negras, terra molhada e carne vermelha defumada leva-nos ao sabor de cogumelos, trufas, caça, ameixas e *cranberry*. Eu poderia beber uma boa quantidade desse vinho com um peru assado.

242. Puligny-Montrachet é uma região da Côte d'Or que pode produzir vinhos elegantes como um cristal lapidado.

243. O Puligny-Montrachet do Domaine Olivier Leflaive 2002 é uma excelente amostra dos melhores vinhos brancos da Côte d'Or. Avelãs tostadas, toque de baunilha, casquinha de limão, caramelo quente, massa folhada e assim por diante. Trata-se de um vinho inspirado, para ser consumido até o ano 2009.

244. Mais dois brancos de Bourgogne muito bons são o Maison Champy St. Romain 2000 — imagine um bolo de laranja recém-assado: casquinhas de laranja, bordas tostadas e caramelizadas — e o Domaine Larue 2002 Les Cortons, St. Auben 1er Cru, com sabor de pecans amanteigados misturados com laranja e limão cristalizados.

245. Um Bourgogne tinto que vale o preço de até 25 dólares é o Prince Florent de Merode Ladoix "Les Chaillots" 2003. Esse vinho encorpado é tudo o que um Pinot Noir de qualidade da Bourgogne deveria ser: elegante, complexo e altamente capaz de maturar com distinção. O Les Chaillots ressoa com os aromas e os sabores de caça, cogumelos, trufas, frutas vermelhas, defumado e especiarias. Já está pronto para ser bebido, mas deve durar de cinco a dez anos. Esse vinho é de Ladoix, na Côte de Beaune.

246. O Domaine Georges Mugneret produz com consistência excelentes vinhos tintos, em Nuits St. Georges. Eles são caros — por volta de 50 dólares —, mas são vinhos confiáveis para acompanhar um jantar ou para uma ocasião especial, oferecendo sempre limpidez, bom corpo e complexidade.

247. O Domaine J. Confuron Coteditot, em Côte d'Or, produz vinhos tintos de excelente qualidade: maduros, ricos em fruta e muito bom corpo para um Pinot Noir. Esses vinhos são subestimados, porque ainda não atingiram o mercado na América do Norte, que pode tornar o preço mais real. Os vinhos Premier e o Grand Cru desse produtor podem maturar por mais de uma década.

248. Os Bourgogne tintos e jovens da Côte d'Or têm um sabor notório de morangos enlatados e de framboesas maduras. Os melhores e bem maduros são sedosos e ressoam com sabor após sabor — de caça, terra, cerejas, licor de framboesa, trufas, carne vermelha, pimenta, tostados, cogumelos, baunilha, café, chocolate, cascalhos e assim por diante. Mas lembre-se: a uva Pinot Noir geralmente não é densa na sua cor e concentração, como os vinhos de Bordeaux ou do Rhône do Norte. Seus estilos são muito diferentes.

249. Entre os produtores confiáveis de Bourgogne tintos da Côte d'Or, citamos: Domaine Thierry Mortet, Domaine J. Confuron Coteditot, Domaine J. Chauvenet, Domaine Leroy, Nicholas Potel, Doamaine Méo-Camuzet, Château de Chorey, Joseph Drouhin, Faiveley, Bouchard Père et Fils, Domaine Georges Mugneret, Domaine Leflaive e Domaine Olivier Leflaive.

250. Os vinhos brancos da região de Meursault da Côte de Beaune têm um sabor bem rico e de *butterscotch*, e são muito populares na América do Norte. Devido à demanda, os preços podem ser bem altos e, assim, vale a pena conhecer os vinhos de Rully, com sabor semelhante e preços muito menores. Um deles, o Joseph Drouhin 2003 Rully 1er Cru, da Côte Chalonnaise, tem seu preço abaixo de 20 dólares. Esse vinho oferece um clássico toque de limão, creme, baunilha, frutas secas e caramelo.

251. Os vinhos da Côte Chalonnaise têm sabor semelhante àqueles da Côte d'Or, mas são um pouco mais simples e geralmente elaborados para serem bebidos quando jovens. As quatro principais regiões produtoras são: Rully, Mercurey, Givery e Montagny. Os vinhos tintos rotulados com esses nomes são elaborados com a Pinot Noir e os brancos, com a Chardonnay.

252. Para bons vinhos da Côte Chalonnaise, procure por Faiveley, François Lumpp e Henri & Paul Jacquesson.

253. Um vinho rotulado de Bourgogne Côte Chalonnaise pode ser produzido com as uvas Pinot Noir ou Chardonnay, cultivadas em qualquer área da Côte Chalonnaise.

254. Os vinhos rotulados Mâconnais são da região do mesmo nome, situada entre a Côte Chalonnaise e Beaujolais, na Bourgogne. Os vinhos podem ser brancos ou tintos. Se forem brancos, serão feitos com a Chardonnay e se forem tintos, podem ser elaborados com a Gamay ou com a Pinot Noir.

255. Os vinhos brancos rotulados Mâcon ou Mâcon-Supérieur têm boa relação preço/qualidade e geralmente têm sabor de melão ou torradas com manteiga.

256. Os vinhos tintos denominados Mâcon ou Mâcon-Supérieur são em geral elaborados com a Gamay, e os melhores são medianos. Um Bourgogne Rouge será uma melhor escolha, porque geralmente tem melhor qualidade pelo mesmo preço.

257. Os vinhos rotulados Mâcon-Villages ou Mâcon seguidos pelo nome de uma *village* estão ligeiramente acima daqueles rotulados simplesmente Mâcon ou Mâcon-Supérieur. O fato de serem provenientes de uma região mais ao sul, com mais tempo de exposição ao sol, significa vinhos mais maduros e ricos.

258. Os vinhos rotulados Saint Véran, Pouilly-Loché, Pouilly-Vinzelles ou Pouilly-Fuissé são alguns dos melhores vinhos da região de Mâconnais. Esses vinhos são sempre brancos e elaborados com uvas Chardonnay.

259. O Pouilly-Fuissé é um vinho muito popular, principalmente na América do Norte, e seus preços são de algum modo inflacionados. Por isso, no lugar dele, é melhor escolher os vinhos de Saint Véran, Pouilly-Loché ou Pouilly-Vinzelles, pois são semelhantes. O Pouilly-Fuissé não deve ser confundido com o Pouilly-Fumé, vinho branco produzido no Loire com uvas Sauvignon Blanc.

260. As uvas Gamay fazem o Beaujolais. Esse vinho é rápido, ansioso para agradar e nasce na região mais ao sul da Bourgogne. O Beaujolais é melhor quando bebido nos seus dois primeiros anos de idade e tem sabor de uma boca cheia de frutas vermelhas maduras — bastante ácido, pronto para ser bebido e com baixa concentração de taninos. Trata-se de um vinho tinto de estilo leve, amigável com outros alimentos, porque pode ser combinado com uma vasta gama de pratos.

261. O Beaujolais é baixo em taninos porque é produzido por maceração carbônica. Sem entrar em muitos detalhes técnicos, a maceração carbônica simplesmente significa que as uvas não são esmagadas antes de ser fermentadas. Enquanto o Beaujolais é produzido em parte dessa maneira e em parte pelo método tradicional do esmagamento das uvas antes da fermentação, o que confere certa quantidade de taninos provenientes das cascas, o Beaujolais Nouveau é produzido em sua totalidade por maceração carbônica, criando um vinho ao mesmo tempo delicado e pouco refinado. Um vinho ao estilo de suco e fácil de ser bebido.

262. A maceração carbônica pode conferir aromas de banana e goma de mascar a um vinho.

263. O Beaujolais Nouveau é lançado na terceira quinta-feira de novembro após a vinificação e não pode ser vendido pelos negociantes ou por seus produtores após o dia 31 de agosto do ano seguinte. Aproximadamente um terço de todos os Beaujolais é vendido como Beaujolais Nouveau.

264. Muitos produtores em Beaujolais estão encerrando suas atividades devido às baixas vendas. É realmente uma pena, visto que esse vinho pode ser delicioso e versátil.

265. O Beaujolais é um vinho excelente para ser servido em um casamento. É fácil de ser bebido, fácil de gostar, vai muito bem com comida e não é muito caro.

266. Espere ouvir mais a respeito de Beaujolais em um futuro próximo. Para combater as baixas vendas, a Beaujolais lançou uma campanha de *marketing* de 5 milhões de dólares em 2005, para despertar o interesse pelos seus vinhos nos Estados Unidos. A campanha deve seguir até 2008.

267. Georges-Duboeuf e Louis Jadot são dois produtores confiáveis de Beaujolais.

268. A Bourgogne produz menos da metade da quantidade de vinhos de Bordeaux. Além disso, Beaujolais agradáveis e de baixa qualidade respondem pela metade de todos os vinhos produzidos na Bourgogne. Isso significa que há muito poucos Bourgogne de alta qualidade para suprir a grande demanda por esses vinhos e, por isso, os preços podem ser muito altos. Cada garrafa de um Bourgogne de alta qualidade é vendida por centenas de dólares.

269. Faiveley manipula uma bebida que claramente expressa o caráter de pura framboesa madura de uma Pinot Noir. É chamada La Framboisière e é proveniente da região de Mercurey, na região da Côte Chalonnaise.

270. Um local na Bourgogne que produz a Sauvignon Blanc é Saint Bris, em Yonne.

271. Se você encontrar a designação "Irancy" em um rótulo, isso significa que o vinho é elaborado com a Pinot Noir. Pode ser um vinho *rosé* ou tinto; se for tinto, geralmente será mais leve e mais ácido do que outros Bourgogne elaborados com a Pinot Noir.

272. Os Bourgogne tintos ou brancos de alta qualidade são geralmente maturados em carvalho. Na maioria das vezes, as barricas são de madeira velha para não sobrepujar a delicadeza dos vinhos com o sabor do carvalho. As barricas de carvalho novo são usadas algumas vezes para o vinhos mais ricos.

273. As florestas vizinhas de Vosges, Nevers e Allier fornecem a maioria da madeira para as barricas da Bourgogne.

274. Se você encontrar a frase "Bourgogne Passe-toutgrains" no rótulo, o vinho é uma mistura de Pinot Noir e Gamay.

275. Por ser uma das regiões produtoras de vinhos mais antigas do mundo, com vinhas do tempo dos romanos, a erosão do solo e os anos de uso de pesticidas têm sido um problema na Bourgogne. Por essa razão, alguns produtores estão se voltando para métodos orgânicos para ajudar o solo a se recuperar e reaver sua vitalidade. A forma mais extrema de agricultura orgânica é chamada de viticultura biodinâmica, que além de minimizar o uso de pesticidas, herbicidas e fungicidas, está dirigido ao cosmos para infundir as videiras e a terra com energia espiritual.

276. Entre os produtores biodinâmicos na Bourgogne, citamos: Domaine Michel Lafarge, Domaine Leroy, Domaine D'Auvenay, Domaine Giboulot, Domaine Laflaive, Domaine Pierre Morey, Domaine Trapet Pére et Fils, Domaine du Comte Armand, Domaine Montchovet e Domaine des Vignes du Maynes. Eles são também orgânicos, visto que a biodinâmica é uma versão ampliada desse método de produção.

277. As melhores safras recentes para os brancos de Bourgogne são as de 1999, 2000, 2001 e 2002.

278. As melhores safras recentes para os tintos de Bourgogne são as de 1999, 2001, 2002, e 2003.

279. As melhores safras recentes para os Beaujolais são as de 2000 e 2003, mas, para esses vinhos, procure sempre uma garrafa dos últimos anos.

Os Vinhos de Champagne

280. O Champagne é identificado, em uma degustação às cegas, pelo aroma de torradas, maçãs assadas e massa folhada, um refinado e elegante paladar com uma acidez vibrante. Sua versão verdadeira é inimitável.

281. O Champagne só pode ser produzido em uma região específica da França chamada Champagne, centralizada nas cidades de Reims e Épernay.

282. O Champagne é elaborado com um ou mais tipos de uma das três uvas: Pinot Noir, Pinot Meunie e Chardonnay. A Pinot Noir confere corpo e estrutura ao vinho; a Pinot Meunier confere textura e fruta; a Chardonnay transmite *finesse* e delicadeza.

283. Embora a Pinot Noir e a Pinot Meunier sejam uvas da variedade tinta, as uvas são prensadas gentilmente, de maneira a impedir que as cascas confiram cor ao vinho. No caso do Champagne *rosé*, a cor é obtida intencionalmente das cascas das uvas tintas.

284. As duas maneiras de se obter o Champagne *rosé* são por meio do método tradicional chamado *saignée*, ou pela mistura de vinhos tintos e brancos. O método *saignée* consiste de se obter um vinho *rosé*, permitindo um rápido contato entre o suco das uvas prensadas e suas cascas tintas.

285. O Champagne *rosé* está se tornando cada vez mais popular nos maiores centros consumidores. De 2004 a 2005, as vendas desse *rosé* efervescente aumentaram 23% no Reino Unido, 40% nos Estados Unidos, 50% na Espanha, 20% na Bélgica, 10% na Itália e 78% na Austrália.

286. O Champagne Blanc de Blancs é elaborado com 100% de uvas brancas (Chardonnay) enquanto o Blanc de Noir é elaborado exclusivamente com uvas tintas (Pinot Noir e Pinot Meunier). As uvas tintas são comumente chamadas de uvas pretas no comércio de vinhos — daí o nome Blanc de Noirs, designação em francês para o vinho branco extraído de uvas pretas.

287. Você já se perguntou como se consegue obter aquelas bolhas dentro de uma garrafa? As casas de Champagne produzem o vinho não-efervescente inicialmente a partir de cada variedade de uva e de cada parcela de terreno; seria o suco da primeira fermentação — *vins clairs*. A seguir, fazem uma *assemblage* para obter um determinado estilo. Após o engarrafamento, a esse vinho não-efervescente são adicionados fermento e açúcar, para que seja iniciada uma segunda fermentação. O fermento consome o açúcar, produz álcool e gás carbônico nas garrafas seladas e cria o vinho efervescente. Após essa segunda fermentação, o vinho é maturado pelo menos durante quinze meses com o fermento residual, o que confere aromas e sabores característicos. As garrafas são vagarosamente colocadas de cabeça para baixo, a fim de que o fermento seja coletado no seu pescoço, de onde ele é removido antes das garrafas serem completadas com vinho; novamente a rolha é colocada e presa com uma gaiola de arame, sendo envolta em folha de alumínio.

288. A folha de alumínio colocada ao redor do pescoço da garrafa de Champagne era usada tradicionalmente para esconder o espaço vazio entre o líquido e a rolha, porque as garrafas nem sempre eram completadas até o topo.

289. O Champagne sem bolhas é também produzido nessa região com o nome de Coteaux Champenois. Esse nome se aplica a todos os vinhos tintos, brancos e *rosés* dessa área. Esses vinhos são relativamente raros, com tendência a serem ácidos e leves.

290. *Mousse* é o termo francês para o borbulhar do Champagne.

291. Você provavelmente sabe que o espumante favorito de James Bond era o Champagne Bollinger, mas sabia que o drinque favorito de Winston Churchill era o Champagne Pol Roger? Churchill disse: "Não posso viver sem Champagne. Na vitória eu o mereço; na derrota, preciso dele".

292. A razão pela qual Pol Roger foi o drinque favorito de Winston Churchill é que ele mantinha um bom relacionamento com Odette Pol Roger, diretora da famosa casa de Champagne. Os dois foram apresentados em um almoço em 1944 na Embaixada Britânica em Paris. De acordo com a casa Pol Roger, Odette foi uma mensageira para a Resistência Francesa durante os anos de ocupação, e Churchill ficou encantado com sua disposição. O relacionamento de Churchill com Odette levou-o a dar o nome de Pol Rogers a um dos seus cavalos de corrida.

293. Quando Winston Churchill faleceu em 1965, a família Pol Roger prestou-lhe uma homenagem colocando uma tarja preta de luto em todas as suas garrafas de Champagne destinadas ao Reino Unido por um período de vinte e cinco anos.

294. Como você sabe se uma garrafa de Champagne é seca ou doce? Em geral, se um rótulo tem a palavra *brut*, o Champagne terá sabor seco. Garrafas rotuladas *extra sec* ou *sec* dão a sensação de seca, mas têm açúcar residual, enquanto os *demi-sec* são doces. O Champagne Doux é bastante doce, mas não pegajoso, porque o Champagne sempre tem acidez suficiente para preservar aquela sensação de frescor ao paladar.

295. Por lei, a palavra Champagne deve ser escrita naquela parte da rolha que permanecerá no pescoço da garrafa.

296. As rolhas do Champagne têm a aparência de cogumelos gigantes quando são extraídas das garrafas, mas, na realidade, elas têm a forma cilíndrica quando colocadas na garrafa, voltando à sua forma original quando colocadas na água.

297. O Champagne deve ser maturado durante pelo menos três anos antes de ser colocado à venda. As melhores casas excedem esse limite legal.

298. A cada ano, as casas de Champagne liberam os Champagnes *nonvintage*, os quais são uma *assemblage* de vinhos de dois ou mais anos. Cada casa de Champagne elabora seu estilo próprio, consistente ano após ano nos seus engarrafados *nonvintage*. Conhecer os estilos de cada casa pode ajudá-lo na escolha daquele que é mais compatível com seu gosto.

299. O majestoso Champagne Krug *nonvintage*, denominado Grande Cuvée, é muito encorpado, com sabores de frutas secas cristalizadas, maçãs assadas e torradas amanteigadas. Assemelha-se muito a um vinho branco espumante de Bourgogne. Seus sabores intensos resultam do fato de que a Krug elabora todos os seus Champagnes em pequenas barricas de carvalho, e é a única casa que o faz.

300. A casa de Louis Roederer, que elabora o badalado *prestige cuvée* Cristal, também produz os mais acessíveis *nonvintage* Champagne Brut Premier. Esse vinho é de excelente qualidade e custa uma fração do preço do Cristal. Pode ser envelhecido por vários anos após a compra, para aumentar sua complexidade. Seu estilo é de um corpo leve e elegante, com sabores de maçãs assadas e massa folhada, semelhante a uma *tarte tatin*.

301. O Bollinger é um estilo forte de Champagne, muitas vezes descrito como masculino — não surpreendentemente, ele foi escolhido como favorito do herói do cinema James Bond. Sua versão *nonvintage* é potente e vibrante para um espumante, devido à alta proporção de Pinot Noir em sua *assemblage*. Também tende a expressar sabores de biscoitos, maçãs amarelas maduras, toque de caramelo amanteigado e, muitas vezes, cereja e café. Possui muito estilo.

302. O Pol Roger Brut Reserve, o vinho *nonvintage* dessa casa, é caracterizado por aroma de pão fresco e um leve paladar de maçãs, leite achocolatado e torradas.

303. O Jacquesson's *nonvintage*, denominado Cuvée Nº 729, é todo frutas secas e creme, lembrando castanhas de caju e torradas.

304. O Deutz *nonvintage* é denominado Brut Classic e é rico e complexo, com sabores de biscoitos, mel, torradas e maçã.

305. O Champagne *vintage* é uma *assemblage* de vinhos elaborados com uvas colhidas durante uma única safra. Fica a critério de cada casa de Champagne declarar um ano como *vintage*, significando que ele foi elaborado com uma única safra; as melhores casas o fazem apenas nos melhores anos.

306. A maioria das casas de Champagne produz um *prestige cuvée*, o qual ocupa o topo da lista dos vinhos daquela casa. A casa de Pol Roger produz o Cuvée Sir Winston Churchill; Louis Roederer, o Cristal; Moët & Chandon, o Dom Pérignon; a Taittinger, o Comtes de Champagne, para dar alguns exemplos. Esses vinhos são elaborados com frutas da melhor qualidade, são mais ricos, complexos e amadurecem melhor que os outros vinhos da casa.

307. O *grand cuvée* de Pol Roger — o Cuvée Sir Winston Churchill — foi assim chamado para homenagear o histórico herói. Churchill gostava de Champagne robusto, encorpado; nesse vinho, a Pinot Noir predomina, para render tributo ao seu paladar. O primeiro Cuvée Sir Winston Churchill foi liberado em 1984, da safra clássica de 1975, dez anos após seu falecimento. Desde essa safra inaugural, ele tem sido produzido apenas nos melhores anos.

308. O *grand cuvée* de Louis Roederer, o Cristal, foi elaborado a pedido do czar Alexandre II, que governou a Rússia no final do século dezenove e início do século vinte. O czar era um *connoisseur* de vinho que tomou para si a missão de adquirir os melhores vinhos. Certa vez, em 1876, o czar chamou a atenção para seu *sommelier* de que não havia uma nítida diferença entre seu Champagne e aqueles que seus convidados poderiam adquirir; assim, solicitou que a casa de Louis Roederer lhe fornecesse seu *cuvée* pessoal em uma garrafa de cristal. Atendendo à sua solicitação, Louis Roederer elaborou o Cristal especificamente para ele e o engarrafou em cristal. Naturalmente, o Louis Roederer Cristal não é mais engarrafado em cristal.

309. O Louis Roederer Cristal é o único Champagne que tem o fundo da garrafa plano, por insistência do czar Alexandre II, para prevenir tentativas de assassinato que pudessem ser executadas escondendo explosivos em um fundo côncavo.

310. Em 1909, o czar Nicolau II ordenou que a casa de Louis Roederer se tornasse fornecedora da Corte Imperial Russa. O Louis Roederer Cristal se tornou disponível pela primeira vez para consumo público em 1924 para a Europa e, após a segunda guerra mundial, para outros países. Atualmente, é um dos vinhos mais procurados tanto pelas celebridades como pelos *connoisseurs*.

311. Louis Roederer e Pol Roger são duas das poucas famílias que ainda permanecem proprietárias das grandes casas em Champagne. Roederer tem sido propriedade da mesma família desde 1776 e Pol Roger desde 1849.

312. A maioria das casas que ocupam o topo da lista em Champagne é controlada pelos conglomerados de mercadorias de luxo Louis Vuitton Moët Hennessy, incluindo Möet & Chandon, Dom Pérignon, Krug, Ruinart, Mercier e Veuve Clicquot. Esses vinhos são consistentemente de boa qualidade, mas caros.

313. Pode-se encontrar Champagne barato, mas muitos são ruins. Como você economizaria dinheiro ao adquirir Champagne, sem comprometer a qualidade? Procure pelas letras RM no rótulo (abreviação de *récoltant-manipulant*, que significa, em francês, colhido e elaborado). Esses Champagnes são produzidos por pequenos grupos familiares que cultivam suas próprias uvas e apostam em seus negócios e reputações na elaboração de vinhos de alta qualidade. Possuem baixo preço porque não têm o mesmo cachê, como as grandes casas.

314. O Champagne — especialmente *nonvintage* — deve ser bem resfriado antes de servir. Dessa forma garantimos não apenas temperatura ideal para ser bebido, mas também diminuímos a pressão no interior da garrafa, para que possa ser aberta com segurança.

315. Para abrir uma garrafa de Champagne, não a aponte para as outras pessoas. Cuidadosamente remova o alumínio e a gaiola, mantendo sua mão sobre a rolha. Segure a rolha apertada, incline a garrafa delicadamente movendo a rolha para cima e para fora. Ao contrário da crença popular, não deve haver um som explosivo.

316. Taças altas e estreitas são as mais apropriadas para o Champagne, em vez da tradicional de boca larga, que torna o vinho rapidamente insosso e quente.

317. A taça não deve ser completada além da sua metade a dois terços de sua capacidade. Esse nível dá espaço para que os aromas se desprendam.

318. Escolha as taças sem ranhuras intencionais em seu interior. Essas ranhuras produzem bolhas grandes e menos atraentes do que aquelas que se formam naturalmente em taças sem essas marcas.

319. As casas de Champagne de Fleury, David Léclapart e Bedel praticam a viticultura biodinâmica.

320. Entre os grandes e confiáveis produtores de espumante estão: Louis Roederer, Ruinart, Pommery, Pol Roger, Bollinger, Krug, Billecart-Salmon, Jacquesson e Taittinger.

321. Entre as casas pequenas e confiáveis estão: Selosse, Larmandier-Bernier, Egly-Ouriet e Lilbert.

322. As melhores safras recentes para Champagne são as de 1996, 1999, 2002 e 2004. A safra de 2005 é aguardada como sendo excepcional.

Os Vinhos da Alsace

323. A Alsace cultiva principalmente as variedades de uvas alemãs, mas devido ao clima e à tradição francesa na elaboração de vinhos, eles são mais ricos e secos do que os da Alemanha.

324. As uvas da Alsace são: Riesling, Sylvaner, Gewurztraminer, Pinot Blanc, Pinot Gris, Pinot Noir, Muscat e Chasselas.

325. Os vinhos brancos da Alsace geralmente apresentam um aroma defumado delicado e um ar de absoluta certeza quanto à variedade da uva que os compõem.

326. O carvalho jovem raramente é utilizado na Alsace, porque a pureza do sabor da fruta é o principal objetivo dos produtores de vinhos da região.

327. Os produtores da Alsace geralmente colocam nos rótulos dos vinhos o nome da variedade da uva com a qual são produzidos. Se o nome da uva aparece no rótulo de um vinho da Alsace, você pode ter certeza de que ele foi elaborado com 100% daquela variedade. Esse não é o caso de várias outras regiões produtoras.

328. Cerca de um quarto da produção de vinhos da Alsace é Riesling. Os Rieslings alsacianos têm sabor vibrante e firme, envelhecem bem e podem ser secos ou doces.

329. Um produtor de Riesling requintado é o Domaines Schlumberger. Seu Les Princes Abbes Riesling é extraordinário. Aromas cítricos e de caramelo conduzem ao paladar de limão, manteiga, minerais e uma agradável presença de casquinha de laranja. Uma beleza. Seco, crocante, mas com excelente concentração, corpo e um final prolongado. Vale tudo o que custa por 15 dólares.

330. Se este livro tivesse uma seção dos melhores vinhos abaixo de 25 dólares, o Domaines Schlumberger Riesling Saering 2004 seria o primeiro da lista. Basílico, pimenta, nuances de maçã, orégano, flores silvestres, ruibarbo, limão e a lista continua. Complexo, afinado, com um final prolongado, apto para uma maturação admirável.

331. A Vignobles Charles Koehly produz um Riesling que harmoniza com o St. Hippolyte 2002, versão que exala aromas de sílex desde o primeiro contato, passando para limões amarelos e Taiti frescos, antes de retornar suavemente para nuances de sílex e casquinha de limão. Esse vinho é acentuadamente crocante, com um longo final, estrutura equilibrada e desencadeador de grandes emoções.

332. O Gewurztraminer da Alsace é pronunciado sem o *umlaut* — trema — que é usado na pronúncia alemã. Uma vez que as uvas Gewrztraminer têm a casca rosada, o vinho tende a ser amarelado quando na taça. Um Gewurztraminer da Alsace é geralmente encorpado, com alto teor alcoólico, baixa acidez e sabores de lichias e rosas.

333. O mestre *vigneron* Léon Béyer é conhecido na Alsace por seu excelente vinho Gewurztraminer. Procure os rótulos com seu nome.

334. O Pinot Blanc é um vinho muito leve e frutado e que é melhor quando bebido ainda jovem. Trata-se do tipo de vinho que pedimos por jarra em um café de Paris como acompanhamento de um almoço informal.

335. O Pinot Gris, também chamado Tokay-Pinot Gris, tem aromas e sabores de pêssegos condimentados. É encorpado, rico e, na melhor das hipóteses, pode maturar até cinqüenta anos. Atualmente, é o meu favorito da Alsace.

336. A Domaine du Bollenberg produz um excelente Tokay-Pinot Gris. A safra 2001 mostra pêssego e especiarias ao olfato, seguido por sabores de pêssego bem maduro com noz-moscada, canela e pimenta.

337. O vinho branco seco Tokay-Pinot Gris é encorpado, produzindo uma sensação quase que oleosa na boca, boa acidez e excelente equilíbrio. Final longo, ainda fechado, podendo ser bebido agora, mas que deverá durar por muitos anos.

338. A Pinot Noir da Alsace produz tintos leves ou um *rosé* acentuado. Em minha opinião, os melhores Pinot Noir ainda vêm de Bourgogne.

339. A Muscat e a Chasselas da Alsace são variedades de uvas minoritárias, respondendo por cerca de 4% das plantações. A Muscat tem sabor acentuado de uvas e é um bom aperitivo, ao passo que a Chasselas produz um vinho de mesa leve e frutado.

340. O Domaine Marcel Deiss produz um excelente Muscat da Alsace que enche a boca de pura fruta, com um longo final.

341. A Alsace produz um excelente vinho espumante com o nome de Crémant d'Alsace, que é frutado, refrescante e uma excelente alternativa como aperitivo ou coquetel para ser degustado ao ar livre. Dopff au Moulin Cuvée Julien Brut mostra pêssego maduro com um toque de suco de limão, seguido por um persistente final de limão e laranja.

342. Dois excelentes produtores da Alsace cujos vinhos valem a pena sair à procura são: Josmeyer e Domaine Zind-Humbrecht.

343. Olivier Humbrecht, o produtor do Domaine Zind-Humbrecht, elabora vinhos soberbos. O vinho simplesmente denominado Zind é um bom exemplo do que os responsáveis pela sua produção podem fazer com uvas. Ele é interessante, delicioso e vale a pena ser guardado — pimenta branca e pêssego ao olfato, seguido de um rico e picante paladar de pêssego com uma refrescante acidez, encorpado, denso em fruta e um final muito seco e prolongado.

344. O Josmeyer Riesling 2002 "Le Kottabe" vale mais do que seu preço de 20 dólares. Esse vinho é elaborado para durar e oferece um aroma de cascalho molhado que leva a um suculento toque de limão ao paladar com uma acidez brilhante. Excelente expressão de fruta, leve e longo.

345. Embora o Trimbach seja um dos mais conhecidos produtores da Alsace, acredito que apenas seus *tops* de linha apresentem boa relação preço/qualidade.

346. O célebre Trimbach Clos Ste. Hune é um vinho estonteante. Trata-se de um Riesling gracioso, concentrado, com grande longevidade, sabores de limões maduros, terracota morna, especiarias tostadas, enfumaçado, pão fresco e assim por diante. Ele tem merecido muitas referências e talvez por causa disso uma garrafa vai lhe custar mais de 100 dólares.

347. Se um vinho da Alsace é rotulado como Vendange Tardive, isso significa que esse vinho é encorpado e de uma colheita tardia. Ao contrário dos vinhos de colheita tardia da América do Norte ou da Alemanha, os Vendange Tardive da Alsace nem sempre são doces; eles podem ser secos, secos com açúcar residual ou meio secos.

348. O Vendange Tardive Cuvée Christine 2000 Gewurztraminer do Domaines Schlumberger é um suntuoso meio seco, com sabores clássicos de lichia, enriquecido com casquinhas de laranja, pétalas de rosas e toques de castanhas assadas.

349. A indicação "Sélection de Grain Nobles" no rótulo significa que o vinho é doce e as uvas utilizadas na sua produção foram afetadas pela podridão nobre, conferindo um caráter de mel e compotas ao olfato e ao paladar.

350. Os vinhos Gran Cru da Alsace indicam que foram elaborados com uvas provenientes de regiões de alta qualidade e de vinhas de baixa produtividade. Cinqüenta vinícolas nessa região têm esse *status*, mas a classificação tem somente algumas dezenas de anos e é controvertida. Sugiro que você compre vinhos da Alsace mais com base na reputação dos produtores do que no *status* Gran Cru.

351. Veja uma lista dos produtores biodinâmicos da Alsace; todos produzem muito bons vinhos:

- Domaine Pierre Frick
- Domaine Marcel Deiss
- Domaine Zind-Humbrecht
- Domaine Martin Schaetzel
- Domaine Marc Tempé
- Domaine Ostertag
- Domaine Kreydenweiss
- Domaine Josmeyer
- Domaine Valentin Zusslin

352. Hoje em dia, mais de trinta propriedades na Alsace são de produtores orgânicos ou biodinâmicos.

353. As melhores safras recentes da Alsace são as de 2000, 2002 e 2003.

Os Vinhos do Loire

354. Se você gosta de vinhos brancos vibrantes e refrescantes tintos leves e com frutas, o Loire é a sua região. Esses vinhos são como um rápido mergulho em um lago em um dia quente.

355. Entre as uvas brancas da região, citamos: Muscadet, Chenin Blanc, Chasselas e Sauvignon Blanc. As tintas do Loire são Cabernet Franc (também chamada Breton), Cabernet Sauvignon, Gamay, Cot (também chamada Auxerrois ou Malbec), Groslot (também chamada Grolleau) e Pinot Noir.

356. O Muscadet é o mais conhecido dos vinhos do Loire e tende ao sabor de limão com toque de maçã verde. Sempre seco e ácido, deve ser bebido enquanto jovem, de preferência dentro de um ano a partir de sua colheita.

357. Os frutos do mar são o acompanhamento clássico para se harmonizar com o Muscadet, uma vez que não se sobrepujam um ao outro.

358. O Muscadet tem sempre um corpo de leve para médio. Por lei, seu teor alcoólico não deve exceder 12%.

359. Se encontramos no rótulo as palavras "Muscadet Sur Lie", isso significa que o vinho foi engarrafado sem remoção dos sedimentos ou dos fermentos utilizados quando nas barricas ou nos tonéis. Isso resulta em um vinho que retém as características de fermentos remanescentes no pão enquanto ainda quente e pode conter algumas bolhas devido a uma leve refermentação quando na garrafa. *Lie* significa "resíduo" em francês.

360. O Gildas Cormerais Muscadet de Sèvre et Maine 2004 Sur Lie é fresco e lembra uma camada espessa de um creme de limão ácido colocada sobre uma fatia de pão recém-assado.

361. Os vinhos Chenin Blanc do Loire podem ser secos, doces, frisantes ou não-frisantes. Seja qual for o estilo, o vinho sempre apresenta traços de uma acidez vibrante.

362. Os vinhos Chenin Blanc bem elaborados amadurecem graciosamente. O Savennières Roche aux Moines 1999 do Château de Chamboreau, no Vale do Loire, é um belo exemplo. Trata-se de um vinho complexo, elegante, ainda bem jovem apesar de alguns anos na garrafa. Belo aroma de damascos maduros que nos leva a um surpreendente paladar seco com nítidas flores silvestres, sabores persistentes de baunilha, amêndoas, incenso e pêssego.

363. O Loire também produz o Vouvray, um vinho branco elaborado com a Chenin Blanc, que vai do seco ao doce.

364. Um exemplo de um Vouvray seco que é mais rico e carnudo do que a maioria é o Domaine du Viking 2001. Esse vinho mostra mel, melão, maçã verde, flores e tufos de grama verde com interessantes aromas de cogumelos e um longo final.

365. O Vouvray doce é elaborado somente em bons anos, quando a podridão nobre afeta as uvas. A podridão nobre desidrata as uvas, concentrando os açúcares e conferindo sabores de mel ao vinho.

366. O Vouvray sempre impressiona o paladar com uma boa dose de zelo. Ele apresenta alta acidez mesmo quando os vinhos são doces, refrescam e limpam o paladar.

367. O Domaine Nicolas Gaudry elabora Chasselas de boa qualidade, um vinho branco que é fresco e seco com vibrante presença de pêssego e maçã verde.

368. Cabernet Franc e Gamay são as duas principais uvas tintas do Loire e produzem vinhos relativamente leves e ácidos — melhor que sejam bebidos quando jovens. Não guarde esses vinhos.

369. O Sauvignon Blanc do Loire tem, na maioria das vezes, um sabor ácido e mineral, semelhante ao suco de groselha do Novo Mundo.

370. O famoso vinho Sancerre é proveniente do Loire. Na maioria das vezes, é branco e elaborado com a Sauvignon Blanc, embora às vezes tinto e produzido com a Pinot Noir. Paga-se um alto preço pelo seu nome.

371. Um produtor confiável de Sancerre é o Château de Tracy, cujos vinhos tendem a ser muito leves e mineral, com um toque de acidez para refrescar o paladar após cada gole. Esses vinhos geralmente duram até cinco anos a partir da data da colheita. Uma garrafa custa cerca de 25 dólares.

372. O Sancerre branco é quase sempre fermentado em aço inox, conferindo à fruta um sabor límpido. Alguns são fermentados em madeira, criando sabores complexos de nozes, condimentos, ou baunilha, dependendo do tipo de madeira usada.

373. O Pouilly-Fumé — que não deve ser confundido com o Pouilly-Fuissé de Bourgogne — também é elaborado com a Sauvignon Blanc. Tanto o Pouilly-Fumé como o Sancerre mostram um caráter mineral distinto devido ao solo em que as uvas são cultivadas. Esse sabor mineral é freqüentemente descrito como pólvora ou fumaça de arma de fogo.

374. Como no caso do Sancerre, você pagará uma alta quantia pelo nome Pouilly-Fumé, mas isso pode ser uma experiência muito gratificante.

375. Os três vinhos *rosés* do Loire são: Rosé d'Anjou, Rosé de Loire e Cabernet d'Anjou.

376. Muitas vezes o Rosé d'Anjou é ligeiramente adocicado e uma *assemblage* das uvas Grolleau, Cabernet Franc e Gamay. Dos três *rosés* dessa região, ele é o de qualidade mais inferior. A Grolleau é uma uva tinta tradicional do Loire que tem sido abandonada gradativamente, sendo substituída pela Cabernet Franc e a Gamay.

377. O Rosé de Loire é sempre seco e deve incluir pelo menos 30% de Cabernet Franc ou de Cabernet Sauvignon em sua *assemblage*. Esse vinho é invariavelmente melhor do que o Rosé d'Anjou.

378. O melhor dos três vinhos *rosés* do Loire é o Cabernet d'Anjou, que deve ser uma *assemblage* das uvas Cabernet Franc e Cabernet Sauvignon. Geralmente é meio seco.

379. Um vinho de nome Saumur-Champigny do Loire é um tinto da Cabernet Franc com sabores de frutas vermelhas e grama.

380. O Saumur Champigny 2003 do Domaine du Ruault é um excelente exemplo desse agradável vinho estilo *bistrot*. Trata-se de um vinho atraente, com a tradicional infusão de framboesas e cerejas, com aquele toque de ervas que o torna um excelente acompanhamento para os pratos. Beba-o jovem.

381. O Chinon — que não deve ser confundido com a uva branca Chenin Blanc — é um dos melhores vinhos tintos do Loire. Ele é elaborado com a Cabernet Franc, leve e frutado com base mineral. O Domaine Bernard Baudry é um bom produtor de Chinon.

382. Bourgueil e St. Nicolas-de Bourgueil são vinhos tintos elaborados com a Cabernet Franc. Semelhante ao Chinon, esses tintos claros são vibrantes e contêm sabores de frutas vermelhas e toques de grama.

383. Entre os produtores biodinâmicos no Loire, citamos: Ferme de la Sansonnière, Domaine des Maisons Brûlées, Château Tour Grise, Clos de la Coulée de Serrant, Domaine de L'Ecu, Domaine Saint Nicolas, Domaine Pierre Breton, Domaine des Sablonnettes, Domaine Mosse e Olivier Cousin.

384. As melhores safras recentes do Loire para os vinhos tintos são as de 2000, 2001, 2003 e 2004.

385. As melhores safras recentes do Loire para os vinhos brancos são as de 1999, 2000 e 2004.

Os Vinhos do Rhône

386. Os vinhos do Norte do Rhône tendem a ser de sabor intenso, tânicos com base na Syrah e potentes com sabores de pêssegos e pêras da uva Viognier. Alguns brancos são também elaborados com a Roussanne, com seus aromas de damascos, e as uvas Marsanne, com sabores de abacaxi e marzipã.

387. Os vinhos tintos do Sul do Rhône são elaborados com uma combinação de até treze variedades de uvas, sendo as mais importantes a Grenache, a Cinsault e a Mourvèdre. Os brancos são feitos com a Roussanne, a Clairette, a Ugni Blanc e outras sete variedades de menor importância.

388. O Norte do Rhône produz os vinhos mais sérios da região e contam com apenas 5% de todos os vinhos produzidos em toda a região do Rhône. As oito áreas produtoras do norte incluem Côte Rôtie, Condrieu, Château Grillet, St. Joseph, Hermitage, Crozes-Hermitage, Cornas e St. Péray.

389. Os vinhos tintos de Côte Rôtie, St. Joseph, Hermitage, Crozes-Hermitage e Cornas são geralmente 100% Syrah, embora aos produtores seja permitida por lei a adição de alguns tipos de uvas brancas. Os sabores dominantes são amoras pretas, pimenta preta, chocolate escuro e defumados.

390. Côte Rôtie significa, literalmente, "encosta tórrida". Essa pequena área no Rhône recebe um auxílio extra da luz solar, como o nome sugere, e, como resultado, produz um estilo de vinho tinto maduro e potente que dura por décadas. Devido ao fato de que a área é pequena, tanto os vinhos como os preços são conhecidíssimos.

391. Guigal é um produtor importante da Côte Rôtie, bem como de outros vinhos de toda a região do Rhône. Vinhos provenientes das mãos e do coração do excepcional produtor Marcel Guigal são de grande valor desde um simples Côtes-du-Rhône aos excitantes vinhos de *domaine* único, que são a expressão dignificante de glória. O Guigal Côte Rôtie La Landonne 2003 é um vinho potente, audacioso, turbulento, de intensa complexidade, mostrando cerejas pretas, alcaçuz, café, chocolate, pimenta, defumado, cascalhos e sabores da terra. Na taça, esse vinho é um prazer só, desde que tenha tido tempo de desabrochar na garrafa. Dura quarenta anos ou mais.

392. Condrieu é outra pequena região do Norte do Rhône. Ela é reverenciada pelo seu vinho branco produzido somente com a uva Viognier. Em sua melhor fase, o vinho é carnudo, sensual e nos sacia plenamente, como todo vinho tem o direito de ser. O La Doriane de Guigal é o meu Condrieu preferido; ele é rico, envolto em frutas e de interior mineral. Uma extravagância de 75 dólares — mas que vale cada centavo com seus sabores untuosos de pêssego e damasco, encorpado, e com um final ressonante. Eu particularmente o adoro com *fettuccine* Alfredo, frango frito e ervas frescas.

393. Château Grillet é uma diminuta denominação de vinho branco no Norte do Rhône que produz um vinho do mesmo nome. Como o Condrieu, é elaborado com 100% de uva Viognier, mas pelo fato de as uvas serem colhidas mais cedo no Château Grillet em relação a Condrieu, o vinho é mais austero, ácido e leve. Em geral, Condrieu resulta em melhor valor que o Château Grillet, embora este geralmente tem maior sobrevida.

394. St. Joseph é uma região produtora de vinhos de qualidade variável. A denominação se expandiu de uma pequena área de 360 hectares no final dos anos de 1980 para mais de 800 hectares atualmente.

Essa expansão significa uma grande quantidade de videiras jovens e terrenos de qualidade inferior em relação aos melhores frutos de videiras mais velhas em vinhas de melhores condições. Ao adquirir vinhos de St. Joseph, faça-o de produtores confiáveis.

395. Os vinhos tintos de St. Joseph são elaborados com a Syrah; os brancos, com as uvas Marsanne e Roussanne. Dois produtores confiáveis de vinhos de St. Joseph são Domaine Jean-Louis Chave e M. Chapoutier.

396. A região de Hermitage produz vinho tinto robusto e majestoso que envelhece bem. Ele é produzido com 100% de uva Syrah e tem um potencial de envelhecimento muito sério. Um dos melhores produtores de Hermitage é o Domaine Jean-Louis Chave. Curiosamente, mas não surpreendentemente, a região de Hermitage adquiriu tanto *status* nos séculos dezoito e dezenove que seus vinhos atingiram preços similares aos classificados de Bordeaux.

397. A região de Hermitage é também o local do vinho branco que é quase tão excitante quanto o tinto, mas não tão bem conhecido, elaborado com a Marsanne e a Roussanne. Esse vinho é de corpo médio a encorpado e seco. Responde por cerca de um terço dos vinhos dessa denominação.

399. Crozes-Hermitage é a área ao redor de Hermitage que produz vinhos tintos menos intensos, com pouco potencial para envelhecimento. Ela produz oito vezes a quantidade de vinho do que a reverenciada Hermitage.

400. Enquanto o Hermitage tinto é 100% Syrah, o tinto de Crozes-Hermitage varia de 85% a 100%, porque os produtores são legalmente autorizados a adicionar até 15% de uvas brancas para suavizar o vinho. Os vinhos brancos dessa área são uma combinação das uvas Marsanne e Roussanne.

401. A cooperativa Cave de Tain produz belos vinhos de Hermitage e Crozes-Hermitage. Particularmente interessantes são os brancos Crozes-Hermitage, se você puder encontrá-los. Lembro-me da primeira vez que degustei essas maravilhas quando visitei a área em 1999 e pensei que se assemelhavam ao creme de baunilha e o leve sabor de caramelo de um rico creme *brullée*, além de refrescante damasco e notas florais. Excelente qualidade e equilíbrio a um preço acessível, em especial quando adquirido diretamente da cooperativa.

402. Os vinhos de Cornas são carnudos, tintos excepcionais com base na Syrah, com grande potencial para envelhecimento. Os vinhos da região de Cornas rivalizam com os da região de Hermitage. Auguste Clape é o principal produtor, e seus vinhos são generosas oferendas de frutas vermelhas ricas e maduras, com um defumado característico e saboroso.

403. St. Péray produz vinhos brancos frisantes e não-frisantes com as uvas Marsanne e Roussanne. O Cave de Tain Saint Péray é um vinho irrequieto com aromas de flores silvestres, vibrantes casquinhas de citrus, pêssego branco e baunilha.

404. Os vinhos tintos do Norte do Rhône estão mais macios do que nunca, porque seus produtores estão removendo a haste das uvas antes de serem prensadas e substituindo as velhas barricas por carvalho novo.

405. Em sua maioria, os vinhos do Sul do Rhône são tintos e geralmente uma mistura de várias uvas com uma grande proporção da frutada Grenache que se destaca com outras variedades, incluindo a Carignan, a Cinsault, a Mourvèdre e a Syrah. Esses vinhos contrastam agudamente com os de variedade única, os potentes Syrah do Norte do Rhône.

406. Você reconhece um vinho do Sul do Rhône quando um dos seguintes nomes aparece no rótulo: Côtes du Rhône, Côtes du Rhône-Villages, Côtes du Rhône-Villages com o nome da cidade acrescentado (como Rasteau), Châteauneuf-du-Pape, Gigondas, Lirac, Tavel ou Vacquerays.

407. O vinho de Rasteau Perrin & Fils é consistentemente atraente. A safra de 2003 pode ser muito bem reservada por um período de seis a oito anos após a colheita, guardando uma considerável profundidade de caráter. O vinho tem sabores de framboesas maduras e mirtilos mergulhados em chocolate escuro, com nuances de baunilha e especiarias no final. Essas características e o preço inferior a 20 dólares são o motivo pelo qual os vinhos dessa região têm seus seguidores. As vinícolas de Perrin & Fils estão aguardam atualmente uma certificação orgânica.

408. O Château de Beaucastel, renomada propriedade em Châteauneuf-du-Pape, foi oficialmente certificado como orgânico no ano 2000. Esse produtor é admirado pela consistente qualidade. Seus vinhos mais importantes são simplesmente rotulados Château de Beaucastel e tendem a ser uma oferta de potente extravagância de frutas pretas e vermelhas maduras, carne defumada, pimenta, especiarias, mineral e ervas.

409. O Coudoulet de Beaucastel é o segundo vinho do Château de Beaucastel. Ele não tem a mesma profundidade do vinho simplesmente rotulado de Château de Beaucastel, mas é abundante em especiarias, carnudo, com frutas carnudas. Ele justifica a popularidade dos vinhos tintos do Rhône.

410. Os vinhos rotulados Perrin & Fils são elaborados pela mesma pessoa que produz os vinhos Château de Beaucastel — Pierre Perrin.

411. Os vinhos tintos do Châteauneuf-du-Pape geralmente exsudam aromas de tabaco. Eles dão a impressão de um tranqüilo e generoso velho francês com um cigarro dependurado na boca.

412. Se você está à procura de um vinho tinto semelhante ao Châteauneuf-du-Pape, mas com preço mais razoável, experimente uma garrafa de Gigondas do Sul do Rhône. Esse vinho tende a ser mais tânico que o Châteauneuf-du-Pape, mas se torna amigável com o envelhecimento na garrafa. O vinho Gigondas típico mostra grande quantidade de frutas —, como cerejas, nectarinas, pêssegos e ameixas pretas, couro e especiarias, e deve ser degustado somente após cinco anos ou mais da data da colheita.

413. Todos os vinhos M. Chapoutier têm seus rótulos em braille devido à amizade entre seu produtor, Michell Chapoutier, e o músico de jazz e soul Music Ray Charles, que era cego.

414. O Tavel é um vinho *rosé* do Sul do Rhône elaborado com as uvas Grenache e Cinsault. Ele é sempre extremamente seco e geralmente alto em teor alcoólico. Muitos franceses consideram esse vinho seu melhor *rosé*. Ele pode ser muito bom, mas deve ser consumido enquanto estiver jovem e sempre bem gelado.

415. O Beaumes-de-Venise é um vinho doce fortificado, conhecido como vinho doce natural — *vin doux naturel* — do Vale do Rhône. Produzido com a uva Muscat, uma taça do Beaumes-de-Venise é um aperitivo estimulante ou um vinho de sobremesa. Seu preço é bem razoável quando comparado aos vinhos doces de Barsac ou Sauternes, mas não espere a mesma riqueza e concentração.

416. A lista dos produtores biodinâmicos do Rhône é longa. Ela inclui o Domaine Les Aphillantes, o Domaine Pierre André, o Domaine de Villeneuve, o Montirius, o Domaine Viret e a poderosa Maison Chapoutier.

417. Entre os produtores orgânicos estão aqueles citados no item 416 além do Clos du Joncuas, Perrin & Fils, Château de Beaucastel e Guigal.

418. O Vale do Rhône tem tido excelentes safras recentemente, sendo melhores os anos de 1998, 1999, 2000, 2001, 2003 e 2004.

Os Vinhos da Provence e da Córsega

419. A Provence produz os melhores vinhos *rosés* na França — refrescantes, maduros, deliciosos para serem bebidos à vontade, com sabor de frutas vermelhas, pêssego, flores silvestres e freqüentemente especiarias. Eles têm por base as uvas Cinsault e Grenache e devem sempre ser consumidos gelados e quando jovens, em geral até um ano após a colheita. Para mim, o *rosé* da Provence captura a essência do sul da França.

420. Se você acha que o *rosé* da Provence significa vinho doce, pense bem. A região está respondendo pela demanda global por *rosés* mais secos.

421. Entre os mais confiáveis produtores da Provence podemos citar: Domaine Rabiega, Domaine Sorin Roland Bouchacourt, Domaine St. André de Figuière, Château Margillière e Château de Fonscolombe.

422. A Provence também produz vinhos tintos e brancos de muito boa qualidade. O Domaine Richeaume e o Domaine St. André de Figuière são dois dos melhores produtores de vinhos tintos e brancos da Provence.

423. Os vinhos rotulados Côtes de Provence podem ter até treze variedades de uvas em sua composição, incluindo: Carignan, Cinsault, Grenache, Ugni Blanc, Clairette, Mourvèdre, Rolle e Sémillon.

424. Os vinhos tintos são responsáveis por apenas 15% da produção da Provence, mas um crescente número de produtores está tentando elaborar vinhos tintos de alta qualidade, particularmente na área denominada Bandol. A região de Bandol produz vinhos tintos potentes e picantes com as uvas Mourvèdre, que conferem sabores ricos de couro e pimenta-preta, além de um sabor típico de caças.

425. Talvez o mais notável produtor em Bandol, pela qualidade de vinhos tintos, seja o Domaine Tempier. Os vinhos desse produtor são potentes e audaciosos, com sabores relevantes de sela de couro molhada com suor, mirtilos maduros e saborosos, especiaria, terreno molhado e suco de carne caramelizado — não é para os fracos do coração. O Domaine Tempier produz igualmente um *rosé* rico em cor, fruta vermelha e especiaria.

426. Um produtor menos conhecido de Bandol tinto de qualidade muito boa é o Domaine Bunan.

O carro-chefe do produtor é o vinho Château de la Rouvière, com sabores de rosbife, mirtilos defumados, cassis e especiaria. É vendido por cerca de 30 dólares.

427. Bandol *rosés* são produzidos com as uvas Mourvèdre, mostrando um sabor picante inconfundível e charmoso. Os *rosés* do Château Pibarnon são bem confiáveis.

428. A Córsega é uma ilha localizada no Mediterrâneo sob jurisdição francesa que produz vinho tinto, branco e *rosé*. Em geral o vinho é de média qualidade e não é largamente exportado.

429. Se você se deparar com um vinho rotulado de "Vin de Pays de l' Île de Beauté", ele é da Córsega.

430. O Domaine Pero Longo é um produtor de vinho biodinâmico da Córsega. Château de Roquefort, Château Romanin e Domaine Hauvette são três produtores biodinâmicos na Provence.

431. Domaine de Trevallon, Château Saint-Anne e Château Margillière produzem de maneira orgânica.

432. As safras de 2000 e 2001 foram muito boas tanto na Provence quanto na Córsega.

Os Vinhos do Sudoeste da França

433. Se você é um apreciador de Sauternes, mas se assusta com o preço, a área de Montbazillac, no Sudoeste da França, oferece uma alternativa muito similar a um preço bem mais acessível. Um produtor confiável dessa área é o Château les Sablines.

434. Se você aprecia os vinhos finos tintos de Bordeaux, considere os vinhos de Bergerac, Côtes de Duras, Buzet e Côtes du Marmandais. Eles são semelhantes aos Bordeaux e elaborados com as mesmas variedades de uvas de seus famosos primos — Cabernet Sauvignon, Merlot, Cabernet Franc, Petit Verdot e Malbec — a uma fração do preço.

435. Cahors é a região do Sudoeste da França conhecida pelos seus tintos potentes. Um dos bons exemplos é o vinho habilmente denominado Pur Plaisir, produzido pelo Château Haut Monplaisir. A safra de 2001 é uma oferta intensa de carne defumada, uma densa visão de árvores e arbustos, uma quantidade de saborosos pêssegos, nectarinas, ameixas pretas e cerejas. Maravilhosamente selvagem e profundamente austero.

436. A uva principal de Cahors é a Auxerrois, também conhecida como Cot, no Loire, e Malbec na Argentina. Esses vinhos geralmente exsudam aromas de amoras pretas, ameixas pretas e frutas secas. O vinho elaborado com essa variedade na França é geralmente mais tânico do que a versão da Argentina, mais redondo e suave.

437. Um produtor importante em Cahors é o Clos Triguedina. Seu vinho baseado na Auxerrois, chamado Prince Probas, é um peso-pesado que necessita de vários anos de guarda antes de ser aberto. A safra de 1999 revela riqueza em frutas, taninos consistentes e camadas de café, especiarias, ameixas e cassis.

438. O Domaine Le Bouscas e o Domaine de Souch são dois produtores biodinâmicos do Sudoeste da França.

439. A região do Sudoeste da França comemorou a performance das excelentes safras de 1998 a 2001.

Os Vinhos do Languedoc e Roussillon

440. A região do Languedoc ainda sofre as conseqüências de uma má reputação de produtora de grande quantidade de vinhos de qualidade inferior, o que era real até recentemente. Atualmente, vinhos excelentes estão sendo elaborados por alguns produtores preocupados com a qualidade e investindo pesadamente nessa região. Entre os produtores que devem ser seguidos de perto estão: Château de Caraguilhes da área de Corbières, Château Laville-Bertrou da área de Minervois e Château Pech Redon de Faugères.

441. Os tintos de melhor qualidade dessa região são elaborados com a Cabernet Sauvignon, a Merlot, a Syrah e a Mourvèdre; os melhores brancos, com a Chardonnay, a Sauvignon Blanc e a Viognier. Geralmente o nome da uva aparece nos rótulos dos vinhos dessa região para competir com os produtores do Novo Mundo que vêm obtendo sucesso com a mesma estratégia.

442. Um dos maiores segredos da região do Languedoc é o vinho espumante de Limoux, chamado Blanquette de Limoux. O Blanquette de Limoux é elaborado principalmente com a uva Mauzac, que tem sabores de casca de maçãs, juntamente com 10% de Chardonnay e Chenin Blanc para adicionar um pouco de complexidade e elegância. Com a delicadeza do Champagne a uma fração do seu preço, vale a pena ser degustado. Procure por Chandenier, um respeitável produtor.

443. O Crémant de Limoux é outro convidativo vinho espumante dessa área. Ele difere do Blanquette de Limoux por apresentar maior proporção de Chardonnay e Chenin Blanc — até 30% em vez dos 10%.

444. O vinho espumante de Limoux antecipou o de Champagne por mais de um século.

445. Em geral, como no Languedoc, a região de Roussillon produz vinhos de média qualidade, mas existem alguns produtores muito bons, como o Domaine Gauby e o Clos des Fées.

446. Cerca de 80% dos Vin Doux Naturel da França, vinhos doces fortificados, são provenientes do Roussillon. Esses vinhos são geralmente elaborados com as uvas Grenache e Muscat e com pelo menos 14% de teor alcoólico.

447. O Vin Doux Naturel pode ser um vinho de sobremesa delicioso e acessível. Ele é elaborado da mesma maneira que o vinho do Porto — o processo da fermentação é interrompido antes que todo o açúcar das uvas tenha sido convertido em álcool pela adição de destilado de uva.

448. O Vin Doux Naturel tinto das regiões de Banyuls e Maury, em Roussillon, é elaborado com as uvas tintas Grenache e pode ser uma acessível alternativa para o Porto Ruby.

449. Alguns produtores biodinâmicos dessa região: Domaine du Traginer, Domaine Beauthorey, Domaine Gauby, Domaine de Fontedicto, Le Petit Domaine de Gimios, Clos du Rouge Gorge e Domaine Cazes.

450. O Domaine Léon Barral é um produtor de vinho orgânico em Languedoc-Roussillon.

451. A região de Languedoc-Roussillon comemorou as safras muito boas de 2000 e 2001.

Vin de Pays

452. Vin de Pays é uma classificação estabelecida na França nos anos de 1970. Sua finalidade foi elevar a qualidade dos vinhos de áreas do Sul da França.

453. Os Vin de Pays são em geral de melhor qualidade que os Vin de Table. As uvas para os Vin de Pays devem ser de regiões específicas da França — em vez de qualquer região, como acontece para os Vin de Table.

454. As vinhas para os Vin de Pays devem preencher restrições quanto à sua produtividade, enquanto para os Vin de Table não há restrições. Baixa produtividade significa fruta mais concentrada, o que é um importante fator para a produção de bons vinhos.

455. Embora estejam situados acima dos Vin de Table, os vinhos Vin de Pays são elaborados com controle de qualidade menor do que os designados como AOC, que significa *Appellation d'Origine Contrôlée*. Isso não significa necessariamente que os Vin de Pays sejam inferiores ao vinho AOC, mas geralmente esse é o caso.

456. O Domaine Laurent Miquel mostra o que pode ser produzido sob a bandeira de Vin de Pays, com o fantástico vinho Nord-Sud Viognier. Esse vinho do Languedoc mostra sabores florais e de nozes envolvendo uma riqueza profunda de suculentos pêssegos e pêras.

457. O Levin Sauvignon Blanc 2004 Vin de Pays do Jardin de la France é uma outra maravilhosa expressão da categoria dos Vin de Pays. Esse vinho é uma refrescante e vibrante versão dessa uva, com a acidez da cereja dourada e nuances de aspargos verdes e rochas quebradas. Jardin de la France significa que é proveniente do Loire.

Os Vinhos das Outras Regiões da França

458. O Bouzy *rouge* não é brincadeira. Trata-se de um vinho não-frisante elaborado com a Pinot Noir proveniente de uma região denominada Bouzy, localizada na região de Champagne, na França.

459. O Vin Jaune é um vinho do tipo do Jerez, mas não fortificado, delicado, com presença de nozes, encorpado e seco. Ele é produzido no Leste da França, em uma região denominada Jura.

460. O Vin de Paille, também produzido na região do Jura, é um vinho de sobremesa sobejamente doce que pode ser mantido por décadas na garrafa — fechada, é claro. Ao contrário dos Sauternes, que são elaborados com uvas desidratadas pela podridão nobre, as uvas destinadas ao Vin de Paille são desidratadas em bandejas no alto das adegas durante o inverno para concentrar o açúcar antes de serem prensadas e fermentadas.

461. Ainda existem vinhas em Paris. A mais famosa de todas é a Clos Montmartre, situada a alguns passos do Sacré Coeur e do Moulin Rouge.

462. O Domaine Prieuré Saint Christophe é um produtor biodinâmico em Savoie.

463. O Domaine André et Mireille Tissot é um produtor orgânico na região do Jura.

Capítulo 10

O Vinho Italiano

Os Vinhos do Noroeste da Itália

464. O Piemonte é indiscutivelmente a mais importante região vinícola do Noroeste da Itália, produzindo os famosos vinhos Barolo e Barbaresco. O Barolo e o Barbaresco são provenientes das regiões dos mesmos nomes. Ambos são vinhos que desafiam, encorpados e elaborados com a uva Nebbiolo.

465. O Barolo é uma profunda e determinada expressão da Nebbiolo, explodindo com aromas e sabores de rosas, alcatrão e alcaçuz, além de cerejas, pêssegos, nectarinas e ameixas pretas. O vinho é sempre rico em taninos e acidez, assim como em álcool e extrato de frutas. É um vinho que desabrocha por si próprio, depois de muitos anos após o engarrafamento.

466. Enzo Boglietti produz Barolos exemplares carregados com ameixas maduras, tabaco, chocolate, defumado e tudo aquilo que é requintado no mundo.

Beba-os após ter tido a paciência de deixar as garrafas em repouso durante alguns anos. Outro produtor que vale a pena ser considerado é Cavallotto, que produz Barolos achocolatados, picantes, saturados com fruta. Bons vinhos para o inverno.

467. Os Barolos tradicionais são melhores de dez a vinte anos após a colheita. Eles tendem a ser desagradáveis e duros antes desse tempo.

468. O Barbaresco é um vinho robusto de considerável vigor, mas menos intenso do que o Barolo. Outra diferença é que o Barbaresco amadurece mais rapidamente do que o Barolo e está pronto de cinco a dez anos após a colheita.

469. Alguns produtores estão elaborando Barolos e Barbarescos mais macios e fáceis de serem bebidos, devido à demanda global por vinhos mais frutados que estariam prontos para se beber mais jovens. Ceretto é um produtor que está elaborando vinhos Barolos nesse estilo mais acessível; Angelo Gaja produz um estilo mais moderno e amigável de Barbaresco.

470. A marca de qualidade nos aromas e sabores do Barbaresco é quase sempre a de alcatrão e rosas.

471. Ada Nada é um confiável produtor de Barbarescos tradicionais, com sabor de especiarias, alcatrão, rosas e muitas vezes um toque de expresso.

472. Bruno Rocca produz Barbarescos carregados de intensa pimenta preta e frutas silvestres negras, além de couro, alcatrão e o característico perfume de rosas.

473. Barolos e Barbarescos eram vinhos doces da metade até o final do século dezenove. Hoje eles são todos secos e tintos maciços.

474. A área de Trentino, no Noroeste da Itália, produz um vinho denominado Teroldego Rotaliano, nome da uva com que esse vinho é produzido. Esses vinhos são de cor intensa, com sabor de fruta preta e vermelha e inconfundível toque de alcatrão. Eles apresentam baixa quantidade de taninos, mas alta quantidade de extratos e ácido; assim, espere uma grande quantidade de fruta ácida. Eles são também ligeiramente amargos no final, o que é inerente ao estilo do vinho em vez de um defeito. Esses vinhos devem ser bebidos a partir de cinco anos de sua colheita.

475. A Concilio produz um Teroldego Rotaliano muito bom com todo o charme e a elegância de um vinho gracioso do Velho Mundo, além da fácil acessibilidade de um frutado do Novo Mundo.

476. Cerca da metade dos vinhos produzidos no Piemonte é Barbera e freqüentemente esses vinhos são rotulados de Barbera del Piemonte, Barbera d'Alba ou Barbera d'Asti. Trata-se de um vinho encorpado, elaborado com a uva do mesmo nome, de cor rubi e com alta acidez. Ele é o vinho do povo — de preço muito acessível e de fácil acompanhamento dos pratos.

477. Pense no Barbera como uma típica mãe italiana — generosa, confiável e quase sempre indispensável para as refeições familiares. O Barbera é o vinho de confiança dos habitantes do Noroeste da Itália para acompanhar a tradicional refeição de antepasto, risotto, carne, queijo, pasta e pesto. Provavelmente é o vinho tinto italiano de melhor valor.

478. Em 1982, Giacomo Bologna elaborou um Barbera denominado Bricco dell'Uccellone. Esse vinho era diferente de qualquer outro Barbera porque era proveniente de videiras cuidadosamente administradas com redução em sua produtividade e foi fermentado em barricas novas de carvalho francês — uma técnica que não era tradicionalmente aplicada na produção do Barbera. A baixa produtividade das videiras resultou num Barbera mais maduro e concentrado, enquanto as novas barricas de carvalho modificaram substancialmente a estrutura e o sabor; o Barbera fermentado em carvalho é mais macio e picante. Esse novo método foi aceito, e outros produtores de Barbera estão rapidamente aderindo a ele.

479. Hoje há Barberas tradicionais e modernos disponíveis. Para saber a diferença, tem de se conhecer o produtor — mais uma vez há necessidade de procurar um comerciante de vinhos conhecedor do assunto.

480. Castello Calosso é um nome para se observar atentamente quando procuramos por Barbera d'Asti.

Recentemente, dez dos melhores produtores da região de Asti colaboraram no sentido de produzir o que considerariam o melhor Barbera do mundo. Plantaram suas próprias frutas e as vinificaram em suas propriedades, mas todos se comprometeram a adotar os mesmos padrões e a usar o mesmo *design* no rótulo.

481. A Dolcetto é uma uva nativa do Noroeste da Itália que produz vinhos frutados e agradáveis com o mesmo nome da uva. O Dolcetto é seco, com baixo nível de tanino e ácido, e tem o sabor de uma mistura de frutas vermelhas frescas e amêndoas. É melhor quando bebido ainda jovem — dentro de um a dois anos da data da colheita que aparece na garrafa — e muito bom para um vinho de meio de semana, para saciar a sede e para harmonizar com quase tudo.

482. Procure pelo Dolcetto d'Asti de Corino. Esse produtor produz vinhos consistentemente de boa qualidade destacando a fruta da cereja preta madura, amora e framboesa; há nuances de violeta e um toque de especiaria.

483. A uva Muscat produz um vinho frisante denominado Moscato d'Asti, que pode ser um aperitivo ou um refrescante acompanhamento para uma sobremesa de abacaxi fresco. Ele é delicado, leve, meio-seco e baixo em teor alcoólico.

484. La Spinetta produz um agradável Moscato d'Asti chamado Vigneto Biancospino. Entrelaçado em uma rede de acidez, esse refrescante e frutado frisante é o aperitivo perfeito para o ar livre.

485. O Gavi é um vinho não-frisante produzido com as uvas Cortese. Ele é seco e leve, com uma acidez deliciosa, mineral e sabor de limão.

486. Um bom produtor do Gavi é o Castello Di Tassarollo. Ali as uvas são colhidas à mão antes de serem prensadas e transformadas em vinho. Cerca de 10% do vinho é envelhecido por um curto período em barricas para adicionar um pouco mais de caráter à uva Cortese. Os vinhos tendem a ser cítricos, de maçã verde, de amêndoas e com um toque de anis.

487. O Cascina Degli Ulivi é um produtor biodinâmico da região do Piemonte, ao Noroeste da Itália.

488. O Cascina La Pertica e o Tenute Loacker são dois produtores orgânicos do Noroeste da Itália.

489. Os melhores anos das safras recentes no Noroeste da Itália foram 2001 e 2004.

Os Vinhos do Nordeste da Itália

490. O Nordeste da Itália produz Valpolicella, Soave, Amarone, Prosecco e os vinhos rotulados a partir das uvas internacionais — Cabernet Sauvignon, Chardonnay, Merlot, Sauvignon Blanc e assim por diante.

491. O Valpolicella é um vinho tinto leve, refrescante, melhor quando bebido ainda jovem. As uvas utilizadas na elaboração do Valpolicella são a Corvina, a Rondinella e a Molinara, e o vinho resultante tem o sabor de cerejas e ameixas pretas.

492. É possível que um vinho tenha o aroma e o sabor de um lugar? Sim. O Bertani Villa Novare Valpolicella Classico 2004 leva-me à Itália após um único gole. Terra molhada, ameixa preta e uma mistura de frutas silvestres maduras. Excepcional quanto ao seu valor.

493. O Masi é outro produtor confiável de Valpolicella. Seu Bonacosta Valpolicella Classico — facilmente identificável pela garrafa preta em que se lê simplesmente "Masi Valpolicella" e a data da colheita — é só frescor, com presença de cerejas e ameixas. Seu corpo é médio e fácil de se harmonizar com comida como o Beaujolais da França.

494. Se um vinho recebe o nome de Valpolicella Superiore, tem de ser envelhecido por pelo menos um ano antes do engarrafamento e conter um mínimo de 12% de teor alcoólico.

495. Elaborado com uvas parcialmente desidratadas, o Recioto della Valpolicella é um vinho é doce. Ele é mais encorpado do que um simples Valpolicella.

496. Se você encontrar a palavra *ripasso* em uma garrafa de Valpolicella, isso significa que ele contém as cascas não prensadas dos vinhos Amarone adicionadas durante o processo de vinificação para acrescentar sabor extra e álcool. Um vinho rotulado como *ripasso* é mais voluptuoso do que um simples Valpolicella.

497. O Falasco Valpantena Valpolicella Ripasso 2003 é um excelente exemplo da riqueza que o processo *ripasso* pode conferir a um vinho. Esse vinho inicia com aromas de tabacaria e caminha para um paladar maduro e carregado de cerejas pretas e vermelhas cobertas com chocolate. Delicioso.

498. O Soave é um vinho branco delicado com leve sabor de maçã e amêndoa. Ele é produzido perto da cidade de Verona a partir das uvas Garganega, Trebbiano di Soave, Trebbiano Toscano, Chardonnay e Pinot Blanc. É amplamente exportado e na maioria das vezes bem acessível em termos de preço. Procure por bons produtores — Coffele, Pieropan, Bertani ou Inama — que produzem particularmente versões de qualidade superior desse vinho.

499. Roberto Anselmi — produtor pequeno, mas um dos principais da região do Vêneto — mudou a denominação de seu vinho de Soave DOC para Vêneto IGT em 2000, porque sentiu que as leis que geriam a produção do Soave DOC encorajavam a produção de vinhos muito leves e de baixa qualidade. Seu vinho branco, o Capital Foscarino, é a estrela. Elaborado com baixa produção das uvas Garganega e Trebbiano, a safra de 2004 começa com o aroma de cerejas maduras e alcaçuz vermelho — você seria perdoado por pensar que esse vinho seria tinto em uma degustação às cegas — e depois invade o paladar como uma tempestade de limão fresco, mineral e maçã madura. Trata-se de uma persistente e rigorosa versão dessa combinação clássica de uva. Fabuloso.

500. O Amarone é um vinho tinto potente, rico e evocativo que freqüentemente atinge teor alcoólico de 15%. Embora seja produzido com as mesmas uvas do Valpolicella — Corvina, Rondinella e Molinara —, as uvas destinadas ao Amarone são desidratadas antes de serem prensadas, concentrando o vinho.

501. Entre os produtores confiáveis do vinho Amarone destacam-se: Tenuta Sant'Antonio, Allegrini e Manara.

502. Na difícil safra de 2002, o Masi não produziu seus tão desejados vinhos Amarone. Em seu lugar, as frutas foram utilizadas para a produção do vinho Superveneziano de Masi, o Campofiorin, comercializado por cerca de um quarto do preço dos seus Amarones. Como resultado, o Campofiorin 2002 oferece uma excelente relação custo-benefício. Ele é bem rico e aveludado, e exige uma barganha pelo seu conteúdo. É vendido por menos de 15 dólares.

503. O Prosecco tem sua origem na região do Vêneto; é um frisante com sabor de pêra elaborado com uma uva nativa do mesmo nome.

504. A vinícola Bisol produz um Prosecco de primeira classe. O Bisol Prosecco di Valdobbiadene Crede é particularmente delicioso com sabores de pêra e cítricos.

505. Em Veneza, os *bartenders* fazem uma mistura de Prosecco com suco de pêssego branco fresco para a elaboração de um coquetel batizado de Bellini. Esse coquetel foi criado no Harry's Bar de Veneza em 1940 em homenagem ao pintor veneziano do século quinze Giovanni Bellini.

506. O Prosecco e o Bellini são bebidos como aperitivos em Veneza com petiscos chamados Cicchetti. Esses petiscos podem variar de um simples pedaço de carne ou peixe até pequenos bolinhos de arroz recheados com azeitonas e servidos no bar. O Cicchetti é saboreado enquanto se está de pé, com coquetéis.

507. Em 1969, a Itália conferiu ao Prosecco sua própria denominação de origem controlada chamada DOC Prosecco di Conegliano-Valdobbiadene. Valdobbiadene e Conegliano são áreas geográficas em que a Prosecco tem sido cultivada por anos. Até o início do século vinte, o Prosecco era principalmente um vinho não-frisante.

508. O Prosecco atualmente é um frisante porque ele é melhor dessa maneira. A alta acidez, o corpo leve e o caráter aromático harmonizam bem com as bolhas, o que o torna muito refrescante.

509. Muitos dos vinhos com o nome da variedade da uva no rótulo vêm da região de Friuli. Um dos mais importantes produtores dessa área é Silvio Jermann. Ele produz bons Pinot Grigio, que são mais maduros e interessantes do que a maioria. O chamado Jermann

Pinot Grigio 2004 é encorpado, pura expressão de pêssego e sálvia com nuances de castanhas assadas. Beba todos os Pinot Grigio enquanto forem jovens.

510. A Pinot Grigio é a mesma uva Pinot Gris da Alsace, mas seus sabores são diferentes. Na Itália, as uvas são colhidas menos maduras, produzindo um vinho com um sabor mais leve, delicado e muito mais neutro, com reminiscência de flores e limões. O Pinot Gris tem sabor de pêssego picante.

511. O Radikon é um produtor biodinâmico da região italiana de Friuli-Venezia.

512. As melhores e mais recentes safras do Nordeste da Itália são as de 1997, 1998, 2000, 2003 e 2004. Em 2002, a área foi castigada por uma terrível tempestade de granizo; não foi um bom ano para vinhos.

Os Vinhos da Toscana

513. Na Itália, os vinhos são rotulados como DOCG, DOC, IGT ou VDT (Vino da Tavola/vinho de mesa). Na teoria, são níveis de qualidade descendente, com mais restrições aplicadas à produção dos DOCG do que ao Vino da Tavola. Entretanto, um número crescente de produtores italianos respeitáveis — principalmente na Toscana — evita as regulamentações governamentais produzindo vinhos de alta qualidade, mas rotulando-os de IGT ou Vino da Tavola.

514. Os vinhos Supertoscanos são um interessante fenômeno recente. Nos anos de 1970, alguns produtores de vinhos da Toscana, de mentalidade moderna, iniciaram a produção de vinhos utilizando variedades de uvas e métodos que não preenchiam os requisitos DOCG ou DOC. Eles os rotularam como vinho de mesa (VDT). Apesar dessa classificação tradicionalmente baixa classificação, esses vinhos tomaram o mundo como uma tempestade, espalhando um entusiasmo que existe até hoje e alcançando altos preços.

515. Os vinhos Supertoscanos são geralmente uma mistura de uvas de variedades francesas e italianas, principalmente Cabernet Sauvignon e Sangiovese. Eles são também freqüentemente maturados em pequenas barricas de carvalho para criar maior complexidade.

516. Embora você nunca veja a palavra Supertoscano em um rótulo, vinhos conhecidos como pertencentes a esse gênero incluem o Sassicaia, o Tignanello, o Siepi, o Vigna d'Alceo e o Masseto.

517. Surpreendi-me na primeira vez em que degustei um Tignanello no restaurante La Famiglia em Londres. Esse vinho é um rico e macio elixir que enche a boca de cerejas pretas, chocolate e terra molhada. É delicioso com um prato de pasta cabelo-de-anjo, Parmigiano Reggiano e trufas frescas raladas. Uma delícia!

518. Chianti é uma região na Toscana que produz um vinho do mesmo nome. Ele é sempre elaborado com as uvas Sangiovese e tem sabor de cerejas. Um vinho rotulado como Chianti Classico significa que é proveniente de uvas cultivadas no centro original da região de Chianti, reconhecida por possuir os melhores solos para o cultivo da Sangiovese.

519. Em 1716, o Grão-duque da Toscana emitiu um edital reconhecendo oficialmente os limites do distrito de Chianti. Essa proclamação foi o primeiro documento legal definindo uma região produtora de vinho. O Chianti Classico é, assim, a primeira região vinícola legalmente demarcada, e seus limites originais são mantidos até hoje.

520. Os vinhos Chianti Classico são identificados pela imagem de um galo preto na garrafa. O galo preto é a garantia de autenticidade do vinho e comprova que ele passou por rigorosos controles de qualidade.

521. O galo preto, símbolo do Chianti Classico, data da Idade Média. Diz a lenda que o comportamento de um galo preto decidiu o destino político dessa região. O território de Chianti estava situado entre as duas repúblicas medievais de Florença e Siena. Ambas queriam o controle da região; assim, ela se tornou palco de lutas contínuas. Cansadas dos combates, as duas cidades concordaram em definir seus limites por meio de uma disputa pouco comum entre dois cavaleiros, sendo um representante de cada cidade. As fronteiras seriam demarcadas onde os cavaleiros se encontrassem após o nascer do sol em suas respectivas cidades. Cada cidade selecionou um galo como "tiro de partida". Siena selecionou um majestoso galo branco, bem nutrido devido à rica dieta e habituado ao canto matutino; Florença escolheu um galo preto mal alimentado e mantido na escuridão, de maneira que não tivesse conhecimento do nascer ou do pôr-do-sol. No dia marcado, o galo preto acordou muito antes de o sol nascer, com o estômago roncando e cantando para sua primeira refeição. Como resultado, o cavaleiro de Florença partiu cedo e encontrou o de Siena em Fonterutoli, a poucos quilômetros de Siena, ganhando a maior parte da região do Chianti Classico para Florença.

522. O *terroir* típico de Chianti Classico confere ao vinho um distinto aroma de violeta. Essa característica violeta é encontrada nos melhores Chianti Classico Riservas tais como aqueles de Vicchiomaggio, Fontodi, Barone Ricasoli ou Castelo di Fonterutoli.

523. O Chianti Classico de Castellare di Castellina, Marchesi Antinori, Castello di Ama e Castello di Fonterutoli são considerados uma boa compra.

524. O Castellare di Castellina Chianti Classico 2003 é violeta pura e anis ao olfato, levando a uma charmosa e sedutora mistura de tabaco torrado, cereja, amêndoas, violetas e sementes de anis ao paladar.

525. O Chianti Rufina é o Chianti mais fino que você pode comprar quando elaborado por um produtor de qualidade. Rufina é a área que fica mais ao nordeste na região de Chianti onde o solo e as condições climáticas são extraordinários.

526. Frescobaldi produz um excelente Chianti Rufina chamado Nipozzano Riserva. Ele é rico, concentrado e se beneficia de alguns anos de envelhecimento na garrafa bem como de uma dupla decantação.

527. Desde 2000, aos produtores de Chianti tem sido permitida por lei a adição de até 20% de variedades de uvas menos tradicionais, incluindo a Cabernet Sauvignon, a Merlot ou a Syrah. Essa revisão está mudando o sabor tradicional do Chianti.

528. Os vinhos denominados Brunello di Montalcino são poderosas expressões da uva Sangiovese; são os Barolos da Toscana. Brunello é o nome de um clone local da Sangiovese que produz vinhos potentes, estruturados e poderosos com significante quantidade de taninos e um final prolongado. O Brunello di Montalcino deve ser 100% Brunello.

529. A vinícola Castello Banfi é uma produtora confiável do excelente Brunello di Montalcino. O vinho de 1999 é complexo, com sabores de chocolate, anis, couro e rico em frutas silvestres pretas.

530. A Castello Banfi é líder no controle do processo de vinificação desde as vinhas até o engarrafamento, e a qualidade desse produtor de vinhos é excelente. Os preços ainda são bem acessíveis.

531. O Vino Nobile de Montepulciano é produzido com outro clone local da Sangiovese denominado Prugnolo Gentile. Muitas vezes com uma mistura de outras uvas, o Vino Nobile de Montepulciano é mais leve e com menos potencial de envelhecimento do que o Brunello di Montalcino. Um produtor confiável do Vino Nobile de Montepulciano é Poliziano.

532. Carmignano é uma pequena área Oeste de Florença que tem sido reverenciada por seus vinhos finos tintos desde a Idade Média e que agora abriga vinhos DOCG. Se você encontrar a palavra Carmignano no rótulo, saiba que se trata de uma mistura de Cabernet Sauvignon e Sangiovese, e algumas vezes Canaiolo.

533. Se você visitar a Toscana, provavelmente lhe oferecerão o Vin Santo como um vinho de sobremesa. O Vin Santo é um vinho com vários níveis de doçura. É costume local bebê-lo em um copo pequeno com uma bolacha seca para ir mergulhando — uma potente e deliciosa maneira de finalizar uma refeição.

534. Embora geralmente doce, o Vin Santo pode ser muito seco e lembra o Fino Jerez. O estilo mais seco é melhor quando apreciado como um aperitivo.

535. O Vin Santo é produzido pela prensagem de uvas parcialmente desidratadas; em seguida, o mosto (ou sumo) resultante das uvas prensadas é colocado em pequenas barricas fechadas. O vinho é fermentado lentamente por um período de até seis anos, adquirindo sabores de nozes e de caramelo. Essencialmente, esse processo oxida deliberadamente o vinho, dando-lhe um caráter de Jerez e uma bela cor âmbar. O Vin Santo é produzido com as uvas brancas locais: a Trebbiano e a Malvasia. Esse vinho não pode ser confundido com o Vino Santo, vinho doce proveniente de Trentino, no Noroeste da Itália, sem a nuance oxidada semelhante ao Jerez.

536. Entre os produtores orgânicos na Toscana citamos: Buondonno, Poggio Trevvalle, Casina di Cornia, Tenuta di Valgiano e Massa Vecchia.

537. Entre os produtores biodinâmicos na Toscana citamos: Colle Massari, Castello dei Rampolla, Stella di Campalto, Fattoria Castellina, Caiarossa e Fattoria Cerreto Libri.

538. As melhores safras recentes na Toscana são as de 2001, 2003 e 2004.

Os Outros Vinhos da Itália Central

539. O Verdicchio é um vinho branco seco proveniente da região de Marche, na Itália Central. Ele é seco, fresco, fechado e com sabor de amêndoas amargas no final. É melhor quando bebido com um ano de sua safra.

540. Um produtor confiável do vinho Verdicchio é Fazi-Battaglia, um *négociant* que controla mais de 20% da produção desse vinho na Itália.

541. A região de Marche está situada na costa leste do mar na Itália, e os habitantes locais consomem peixes frescos e outros produtos do mar com longos goles de Verdicchio.

542. A região de Marche também produz alguns bons vinhos tintos, sendo um bom exemplo o Velenosi "Il Brecciarolo" Rosso Piceno Superiore 2002, elaborado com as uvas Sangiovese e a Montepulciano. Cereja macia, canela e sabores de sândalo circulam nesse vinho fácil de ser bebido.

543. O Orvieto é um vinho branco da região da Úmbria na Itália Central. Ele é geralmente seco, de médio para encorpado, ligeiramente cítrico e elaborado com a uva Trebbiano em uma mistura com a Malvasia, a Verdello, a Grechetto e a Drupeggio. Bigi é um produtor confiável.

544. Lungarotti é o principal produtor da Úmbria, famoso pelo seu excelente vinho tinto Rubesco Reserva. Ele é elaborado principalmente com uvas Sangiovese e tem o sabor de frutas vermelhas maduras, especiarias, com um longo e interminável final.

545. Os dois principais vinhos da região de Abruzzo são o Montepulciano d'Abruzzo e o Trebbiano d'Abruzzo.

546. O Montepulciano d'Abruzzo é um vinho tinto elaborado com a uva Montepulciano. Ele é redondo, de cor intensa e fácil de ser bebido. É melhor quando consumido jovem — alguns anos a partir da colheita — e tem sabor de ameixa, amoras e cerejas doces. Trata-se de um vinho que em geral oferece um bom produto pelo seu preço.

547. Não devendo ser confundido com o Vino Nobile di Montepulciano, o Montepulciano d'Abruzzo é elaborado com uma uva totalmente diferente — chamada Montepulciano em vez de Prugnolo Gentile. Os vinhos são macios e têm sabor de ameixa e cereja.

548. O Trebbiano d'Abruzzo é um vinho branco proveniente de Abruzzo e elaborado com a cítrica uva Trebbiano. O vinho é vibrante e relativamente neutro com toques de casquinha de limão e castanhas. Beba-o ainda jovem e gelado.

549. Um produtor confiável de Montepulciano d'Abruzzo e Trebbiano é Masciarelli.

550. Você já deve estar começando a perceber outro segredo do vinho italiano: os nomes são geralmente baseados nas variedades das uvas, no local de origem ou ambos; assim, se você está intrigado com o vinho do país, familiarizar-se com algumas uvas locais e sua geografia é uma excelente maneira de conhecer os vinhos italianos.

551. Emidio Pepe Abruzzo produz vinhos orgânicos provenientes da região de Abruzzo.

552. As melhores safras recentes para a Itália Central foram as de 1999, 2000, 2001 e 2004.

Os Vinhos do Sul da Itália e de Suas Ilhas

553. Embora tradicionalmente seja um centro de vinho doce, a Sicília rapidamente vem sendo reconhecida pelos seus vinhos secos de produtores modernos que elaboram vinhos IGT e VDT de variedades internacionais e locais. Procure por vinhos do excelente produtor Regaleali.

554. A região da Campania é conhecida por seu vinho Fiano de Avellino, um branco seco com distinto sabor de avelãs.

555. O Greco di Tufo e o Taurasi são vinhos da Campania que valem a pena serem degustados. O Greco di Tufo é um vinho branco da uva Greco, que faz lembrar limão. O Taurasi é um tinto encorpado elaborado com a uva Aglianico e que necessita ser envelhecido por pelo menos três anos — incluindo um em madeira — antes de ser liberado. O Taurasi pode ter o sabor semelhante ao de cerejas tostadas.

556. O produtor Feudi di San Gregorio elabora um Greco di Tufo de primeira classe.

557. O produtor Mastroberardino produz um bom Taurasi com sabor de violeta, cerejas defumadas e pimenta preta.

558. A Terredora di Paolo é uma excelente produtora de vinhos da Campania com base na Aglianico. Seu Aglianico d'Irpina 2004 mostra camadas de chocolate escuro derretido, defumado, cerejas e couro.

559. A ilha de Sardenha produz alguns vinhos brilhantes com variedades de uvas locais. A uva Nuragus é encontrada quase que exclusivamente lá e produz um vinho agradável, vibrante e cítrico. A vinícola Dolianova elabora um Nuragus cheio de vida no seu domínio de Dolia. Esse vinho tem um início tímido com um aroma de flores silvestres e depois se torna vívido ao paladar com um limão intenso que me conduz instantaneamente à costa do Mediterrâneo.

560. A Cannonau é uma uva tinta da Sardenha que pode produzir vinhos deliciosos que exsudam ervas, amoras e especiarias. O Turriga IGT é um vinho feito com base na Cannonau, simplesmente brilhante, e cujo produtor é Argiolas. Ainda que ocorram variações entre as safras, os sabores máximos tendem a ser orégano, lavanda, amoras, mirtilos, trufas e tabaco. Os vinhos quase acariciam o paladar. O *Gambero Rosso*, o principal guia de vinhos da Itália, tem conferido para as últimas safras desse vinho o ambicionado *Tre Bicchieri* — o *status* de três taças.

561. A Cantina Sociale Santadi é uma cooperativa na ilha de Sardenha que produz vinhos excelentes. Seu Santadi baseado na Carignan-Terre Brune é quase um prolongamento e nuances de ameixa suculenta, mirtilo selvagem, louro aromático, tabaco, chocolate intenso, pimenta preta e puras framboesas maduras.

562. O restaurante Sardo, localizado no coração de Londres, na Inglaterra, é especializado em vinhos e comidas da Sardenha. Com boa comida e bebidas a um preço razoável, ele merece uma visita quando você estiver na cidade.

Capítulo 11

O Vinho Espanhol

Os Vinhos da Rioja

563. Os vinhos tintos da Rioja são elaborados principalmente com as uvas Garnacha e Tempranillo e geralmente são maturados em carvalho americano. O resultado é um vinho com sabor acentuado de uma mistura de frutas vermelhas, carvalho tostado e baunilha.

564. O aroma de baunilha que emana das taças dos tintos de Rioja é proveniente do tempo em que ele permaneceu guardado em carvalho americano antes de ser engarrafado. Alguns produtores estão atualmente usando barricas de carvalho francês, durante o processo de maturação do vinho, o que resulta em um vinho com perfume mais acentuado de especiarias.

565. Um tesouro dessa região é um vinho denominado Hiru Tres Racimos, da Bodegas Luis Cañas. Trata-se de um vinho tinto muito concentrado elaborado com uvas de videiras de oitenta anos que produzem somente três cachos de uvas cada. Videiras antigas produzem vinhos mais complexos e baixa produtividade — e três cachos é muito pouco — significa concentração. Produto sensacional!

566. Outros importantes produtores de Rioja incluem: Marqués de Murrieta, Bodegas Palacios Remondo, Marqués de Riscal, Artadi, Finca Allende, Viña Izadi, Luís Cañas, Primícia e Roda.

567. O Marqués de Riscal Red Reserva fornece excelente qualidade consistentemente. Trata-se de um vinho que ao mesmo tempo em que enche a boca é refinado. Você encontra nesse vinho: canela e especiaria, amoras e framboesas maduras, tabaco e chocolate sedosos e macios e toques de caramelo e baunilha. Observe a garrafa com seu chamativo rótulo branco e dourado envolta em uma rede de fios dourados. Um vinho muito barato por tudo o que oferece.

568. O Marqués de Murrieta Dalmau Tinto Reserva é um potente vinho tinto com sabor de morangos e framboesas superdoces, rico em cacau e baunilha defumada. Um vinho muito intenso e de final prolongado.

569. Os vinhos brancos tradicionais de Rioja são difíceis de serem encontrados e oferecem um estilo que você ama ou odeia, devido a um caráter ligeiramente oxidado, que é intencional. Para um protótipo, experimente o Marqués de Murrieta Blanco Reserva. Ele é elaborado com a uva Viura e maturado em carvalho americano por quase dois anos. O resultado é um vinho encorpado, seco, com cor intensa e sabor de damascos maduros, caramelo, baunilha e castanhas. Devo confessar que eu o adoro.

570. Oposto ao estilo tradicional descrito acima é o Blanco Seco do Marqués de Cáceres. Também elaborado com as uvas Viura, ele é um vinho moderno, fresco, frutado, mais leve e relativamente acessível. Em geral os vinhos do Marqués de Cáceres são ligeiramente modernos e demonstram menos carvalho do que os das adegas mais tradicionais.

571. Talvez o mais brilhante produtor em Rioja, se não em toda a Espanha, seja Alvaro Palacios. Sua paixão por qualidade se reflete em três vinhos de sua adega em Rioja, a Bodegas Palacios Remondo — La Vendimia, La Montessa e o mágico Propiedad.

572. O La Vendimia 2004 é um Rioja brilhante e vivaz que explode com exuberantes sabores de framboesa, mirtilo e pimenta picante. O vinho é de um equilíbrio irrepreensível, amigável e está pronto para ser degustado.

573. O La Montesa 2003 é redondo, macio e suculento com taninos delicados e bom corpo. Aveludado e opulento na boca, esse vinho transborda com sabores de ameixas assadas e cerejas pretas intercaladas com toque defumado e especiaria. Está pronto para beber.

574. O vinho do topo da lista da Bodegas Palacios Remondo é o grandioso e único Propiedad. O 2003 é um vinho para ser procurado, acariciado e guardado em adega. Um aroma marcante com uma estrutura firme com camadas de sabores que ressoam uma após a outra. Ervas da Provence, defumado, tabaco, chocolate escuro delicado, canela, caramelo, torradas, geléia de cerejas e framboesas e novamente o chocolate rico, puro e derretido. Com essa intensidade de sabores, além de uma estrutura que permitirá que o vinho envelheça até por volta de 2016, aguarde melhores coisas por vir. Um vinho sério e que oferece um extraordinário valor pelo seu preço.

575. O produtor Alvaro Palacios acredita que o cultivo orgânico da uva é fundamental para a produção de vinhos de qualidade. O auto-intitulado fanático por qualidade afirma: "A presença da vida no solo é o que há de mais importante na elaboração de vinho de qualidade, e pesticidas e fungicidas aniquilam essa vida". Esse sentimento é transmitido por muitos outros produtores orgânicos em todo o mundo.

576. Remelluri é um produtor orgânico em Rioja.

577. A safra 2001 em Rioja foi uma das melhores em anos, com excelentes condições climáticas produzindo uvas saudáveis. Outras safras muito boas foram as de 2003 e 2004, embora não tenham sido tão estreladas quanto a de 2001.

Os Vinhos da Ribera Del Duero

578. A região da Ribera Del Duero é o abrigo de alguns dos vinhos tintos de grande estilo da Espanha no momento. Produtores de qualidade para procurarmos incluem: Vega Sicilia, Bodegas Pesquera, Bodegas Ismael Arroyo e Dominio de Pingus.

579. O vinho mais importante da Vega Sicilia é o Único, considerado um dos melhores vinhos da Espanha nos dias de hoje. O Único é liberado para venda depois de dez anos de envelhecimento em carvalho e na garrafa, e é um vinho produzido apenas nos melhores anos. Ele é elaborado principalmente com a Tinto Fino — a variedade local da Tempranillo na Ribera Del Duero — com pequenas proporções da Cabernet Sauvignon, da Merlot e da Malbec.

580. A Vega Sicilia foi a primeira vinícola na região a receber reconhecimento internacional pela excelência de seus vinhos. Atualmente, algumas das melhores vinícolas da região estão seguindo o mesmo caminho e produzindo vinho com a Tinto Fino em *assemblage* com as variedades internacionais Cabernet Sauvignon, Merlot e Malbec.

581. O Domino de Pingus, na Ribera Del Duero, e a Quinta Sardonia, logo ao lado da região, em Sardon Del Duero, são produtores de vinhos orgânicos.

582. A região de Ribera Del Duero produz vinho branco, mas ele é raramente exportado.

583. As melhores safras recentes são as de 2000, 2001, 2002 e 2003.

Os Vinhos do Nordeste da Espanha

584. O Cava é proveniente da Catalunha, no Nordeste da Espanha. Trata-se de um vinho branco frisante transformado em espumante da mesma maneira que o Champagne, por indução de uma segunda fermentação após ter sido engarrafado.

585. O Cava é elaborado com a mistura das uvas Macabeo, Parellada, Xarel-lo e ocasionalmente a Chardonnay — por isso seu sabor é diferente do Champagne. O famoso espumante francês é elaborado com a Chardonnay, a Pinot Noir e a Pinot Meunier.

586. O dois maiores produtores de Cava são a vinícola Freixenet e a Codorníu, esta última tendo se mostrado a melhor das duas. O Raventos Brut da Codorníu é todo *grapefruit* e flores frescas, com as nuances de solo rico e úmido no final, típica de Cava.

587. O Priorat é um vinho espanhol elegante da região do mesmo nome no Nordeste da Espanha. No final dos anos 1980, um pequeno grupo de pioneiros produtores de vinhos aplicou técnicas modernas aos frutos de videiras antigas para elaborar vinhos tintos concentrados e de alta qualidade com as uvas Garnacha, Cariñena, Cabernet Sauvignon, Merlot e Syrah.

588. Entre os vinhos Priorat mais importantes, citamos: Clos Mogador, Clos Martinet, Clos de l'Obac, Clos Erasmus, Clos Dofi (renomeado Finca Dofi em 1994), L'Ermita e Les Terrasses. Eles são de qualidade excelente, longevos e relativamente caros.

589. Os vinhos L'Ermita, Finca Dofi e Les Terrasses são elaborados por Alvaro Palacios, o consagrado produtor que colocou o Priorat no mapa. Ele também está ligado à adega de sua família em Rioja, a Bodegas Palacios Remondo.

590. O Les Terrasses 2003 é um vinho complexo que lentamente se revela na boca com camadas de cereja preta, tabaco, cacau, rochas mornas e sabores de especiarias. Um vinho atraente.

591. A região de Navarra, no Nordeste da Espanha, produz um vinho *rosé* festivo da Bodegas J. Chivite chamado Gran Feudo. Aromas de morangos, maçã vermelha e pão fresco conduzem a um paladar delicioso de frutas vermelhas de verão. É um vinho que agrada a todos, para um fim de tarde ao pôr-do-sol, para ser degustado gelado com um prato de picante Chorizo.

592. Albet i Noya, Mas Estela e Bodegas Lezaun são produtores orgânicos no Nordeste da Espanha.

593. As melhores safras recentes para a região incluem as de 1999, 2000, 2001, 2003 e 2004.

Os Vinhos do Noroeste da Espanha

594. O Noroeste da Espanha é para os amantes de vinho branco. Os vinhos brancos dessa região são elaborados principalmente com as variedades das uvas Albariño e Verdejo.

595. Se você gosta do Riesling, vai amar o Albariño — um vinho espanhol produzido com a uva do mesmo nome. Ele é aromático e vibrante, ainda que delicado, lembrando maçãs verdes e ervas e ressoando com camadas de outros sabores como coco e abacaxi, dependendo do produtor. A Adegas Morgadío produz um com aromas de abacaxi, pêssego, laranja, coco e um paladar de suntuoso prazer. Cativante.

596. A região das Rias Baixas, no Noroeste da Espanha, é conhecida pela produção de um excelente vinho Albariño.

597. Martin Códax elabora um requintado Albariño de Rias Baixas chamado Burgáns. O de 2004 é tudo o que esse estilo de vinho deveria ser — encorpado e fresco, com evidente óleo de limão, damasco e maçãs verdes ao paladar e um longo e delicado final mineral.

598. A Verdejo é uma uva branca de boa qualidade da região de Rueda no Nordeste da Espanha. Os vinhos que têm por base a Verdejo têm sabor de limão, ervas e frutas secas e são freqüentemente adicionados com a Sauvignon Blanc para lhe dar corpo.

599. O vinho Verdejo oferece uma boa relação preço/qualidade com muitas garrafas custando menos de 10 dólares. Um produtor confiável é Marqués de Riscal; seu Rueda Blanco é 85% Verdejo e 15% Viura, revelando um limão vibrante, com nuances de frutas secas picantes.

600. Outro exemplo brilhante de Verdejo da região de Rueda é o Palacio de Menade 2004, o qual é aromático e vibrante, persistente e focado em sabores de ervas delicadas, limão e fruta tropical. Excelente pelo seu valor abaixo de 10 dólares.

601. Apesar do fato de o Noroeste da Espanha atrair amantes de vinhos brancos, há decididamente alguns saborosos tintos. A Descendientes de Jose Palacios, propriedade biodinâmica na região de Bierzo, produz uma bebida intensa e séria chamada Petalos del Bierzo. Tem sabor de pimentão-vermelho, frutas silvestres, ervas e especiarias, liberando um longo final de pimenta preta e defumado. Um belo vinho com um preço definitivamente razoável.

602. Os vinhos da Descendientes de Jose Palacios são elaborados por Alvaro Palacios, consagrado produtor que colocou o Priorat no mapa no Nordeste do país com a produção dos procurados vinhos como L'Ermita e seus afiliados Finca Dofi e Les Terrasses.

603. Todos os vinhos produzidos por Alvaro Palacios são orgânicos, carregados na cor, beleza de arregalar os olhos, mas você não encontra recomendações no rótulo porque ele acha que a qualidade de um vinho deve falar por si mesma.

604. Em Rias Baixas não tem ocorrido colheitas acima da média desde 1997, enquanto Bierzo tem tido excelentes safras recentemente, incluindo as de 2000, 2001, 2002 e 2004.

Os Vinhos da Região Central e do Sul da Espanha

605. Almansa é uma região situada no interior, cerca de 60 quilômetros distante de Valência. Uma empresa domina a produção de vinhos de qualidade nessa região — a Bodegas Piqueras. Ela produz vinhos com o nome de Castillo de Almansa. O Tinto Reserva é todo frutas vermelhas frescas, couro, frutas secas e especiarias em uma taça. Ao preço de cerca de 10 dólares a garrafa, esse vinho é correto no que oferece.

606. La Mancha — grande região na Espanha Central — produz vinhos de qualidade mediana, muitos dos quais não competem bem internacionalmente. Essa região está progredindo, mas vagarosamente.

607. Algumas boas ofertas podem ser encontradas em vinhos tintos do sul da Espanha se você souber onde procurar. Os vinhos tintos de Jumilla, no sul da Espanha, produzidos pela Bodegas Casas Castillo, por exemplo, oferecem boa relação preço/qualidade por cerca de 10 dólares a garrafa.

608. As melhores safras recentes de Jumilla são as de 1999, 2000 e 2003.

O Jerez

609. Primeiramente devemos dizer que o Jerez é proveniente de um só lugar no mundo — a região de Jerez, no Sudoeste da Espanha. Essa é a mais importante consideração a respeito do Jerez. A segunda mais importante é que ele está fora de moda, depreciado e seriamente desvalorizado.

610. O nome *Sherry* é atribuído a uma corruptela do inglês para a palavra Jerez, região onde esse vinho fortificado é produzido.

611. O Jerez é elaborado com três diferentes variedades de uvas — a Palomino, a Pedro Ximénez e a Moscatel. O Jerez pode ser elaborado com apenas uma dessas variedades, mas geralmente elas são misturadas para conferir equilíbrio e complexidade.

612. Todo Jerez é Fino ou Oloroso, ou um descendente desses dois tipos.

613. O Jerez Fino é geralmente muito seco. Seu distinto caráter semelhante ao pão é proveniente de um filme chamado flor, que se desenvolve na superfície do vinho quando ele é elaborado. A flor protege o Fino da oxidação e o mantém delicado e fresco.

614. O Tio Pepe, produzido por González Byass, é um exemplo clássico de Fino — muito seco e neutro, com toque levemente salgado e nuances de pão fresco. Não é um aperitivo frutado.

615. Um Jerez Amontillado é um Fino que perdeu a flor e, assim, tornou-se de cor marrom e oxidado, o que é intencional, naturalmente. Os verdadeiros Amontillados são muito secos, mas alguns produtores os adoçam — leia o rótulo atrás da garrafa para se certificar da quantidade de açúcar.

616. A vinícola Hidalgo produz um Amontillado excelente chamado Napoleon Seco que é todo café, *toffee* e frutas secas.

617. O Manzanilla é um Jerez Fino seco elaborado na costa marítima da Espanha, na cidade de Sanlucar de Barrameda. Seu sabor é ligeiramente salgado, o que não tem nada a ver com o fato de que está à beira-mar, mas é uma maneira fácil de lembrar seu estilo.

618. Os Jerez Olorosos são vinhos marrom-escuros, ricos e que não foram afetados por uma camada do fermento flor. Como resultado, não mostram o caráter de fermento e semelhança ao pão do Jerez Fino. Os Olorosos são fortificados a 18% de álcool e ganham concentração enquanto envelhecem em barricas. Os Jerez Olorosos tradicionais são muito secos, mas atualmente muitos produtores os adoçam.

619. Pedro Domecq produz um Oloroso seco denominado Río Viejo, com sabor de frutas secas e açúcar mascavo, sem ser doce.

620. Os "Cream" Jerez são simplesmente Olorosos adocicados. A exceção é o Harvey's Bristol Cream, uma mistura de Jerez Fino, Amontillado e Oloroso, adocicado com o vinho Pedro Ximénez. Esse é o Jerez mais vendido no mundo e é uma boa aquisição, a despeito da reputação de ser um pouco antiquado. Ele tem sabor de uvas passas, frutas secas, casca de laranja e caramelo. É melhor quando degustado com gelo em frente a uma lareira crepitante em uma noite fria, antes ou após o jantar.

621. O Jerez Pedro Ximénez, conhecido como PX, tem um estilo extremamente doce e xaroposo; é melhor quando servido sobre sorvete de baunilha.

622. Uma acentuada queda nas vendas desde 1980 tem prejudicado a indústria do Jerez, alertando para a necessidade de medidas rápidas para melhorar seus vinhos e reconstruir sua reputação. O que isso significa? Que esta é uma boa ocasião para nos familiarizarmos com esse vinho que está seriamente desvalorizado.

623. Talvez o mais importante acontecimento recente seja o acordo de quatro anos firmado entre viticultores, produtores e negociantes na região de Jerez, assinado em setembro de 2002. Esse acordo restringe a produção e reduz o estoque de Jerez para controlar a oferta, o que geralmente significa que apenas os produtos da melhor qualidade serão colocados à venda. O acordo também fixa o preço das uvas, que vem caindo, e intensifica atividades promocionais, o que significa que será mais fácil aprendermos sobre o Jerez.

624. A partir do ano 2000, Jerez de mais de vinte anos poderia ser rotulado como "VOS", e aqueles com mais de trinta anos, como "VORS". O primeiro é um acrônimo para o latim *vinum optimum signatum* (*very old Sherry*) e o último significa *vinum optimum rare signatum* (*very old rare Sherry*). Se você encontrar essas palavras em um rótulo, pode ficar certo da qualidade, visto que eles foram testados às cegas para conferir a idade média e confirmar a qualidade. A inclusão da data confere confiabilidade e credibilidade aos antigos Jerez de qualidade. Um sistema similar de certificação está sendo considerado para os Jerez de oito, dez, doze e quinze anos.

625. Alguns produtores de Jerez estão apresentando vinhos com safras para expandir sua qualidade final ao máximo. Os Vintage Jerez, o que significa naturalmente aqueles produzidos em um único ano, são controvertidos, porque a mistura de safras faz parte integral da produção desses vinhos fortificados. Essencialmente, o Jerez é produzido por meio de um intrincado sistema de mistura fracionada denominado sistema solera; assim, pela remoção desse processo retira-se um pouco da alma desse vinho. A despeito disso, Williams & Humbert, González Byass e Lustau iniciaram a produção de Jerez de uma única safra.

626. Dentre as variedades do Lustau Almacenista estão os vinhos artesanais que valem a pena ser degustados.

627. El Maestro Sierra é um pequeno, mas proeminente produtor de Jerez. Se você encontrar seus vinhos, agarre-os. Todos os vinhos dessa casa são excelentes, coroados pelo Oloroso Jerez Extra Viejo 1/7.

628. Procure por Barbadillo, Domecq, Emilio Lustau e Hidalgo para os Jerez de qualidade confiável.

629. Os Jerez tendem a aumentar seu teor alcoólico com a permanência em barricas. Esse fato curioso se dá devido às condições peculiares nas adegas de Jerez onde a água — e não o álcool — evapora no decorrer do tempo; assim, não é incomum encontrar antigos Olorosos com teor alcoólico com níveis perto de 25%.

630. Uma vez que um Jerez tenha sido engarrafado, ele pára de se desenvolver e começa a se deteriorar. Os secos ao estilo Fino e Manzanilla degradam rapidamente; assim, adquira-os de um comerciante com bastante movimento e com alta rotatividade. Os Olorosos encorpados, principalmente os mais doces, mantêm-se bem.

631. O Jerez é excelente para o início ou o final de uma refeição. Os Finos com azeitonas, para começar, e os Olorosos com frutas secas ou queijo, para terminar.

632. Uma vez que o Jerez é comumente uma mistura de vinhos de diferentes safras, elas não são de importância para esses vinhos. Com exceção, é claro, nos casos de Jerez Vintage, que, como vimos acima, é um fenômeno novo.

Capítulo 12

O Vinho Português

Os Vinhos de Portugal

633. Portugal está começando a produzir excelentes vinhos tintos secos, principalmente nas regiões do Douro e igualmente em Alentejo, Estremadura e Ribatejo. Como resultado, está perdendo sua imagem de um simples local para se procurar pelo Porto.

634. O Barca Velha é um dos mais famosos e mais caros vinhos tintos de Portugal. Vendido nos Estados Unidos por cerca de 80 dólares a garrafa, esse vinho é produzido no Douro. Considerado o primeiro vinho português de alta categoria, sua safra inicial é de 1952. O Barca Velha é liberado já pronto para ser bebido em vez de necessitar envelhecimento; é elaborado principalmente com as uvas Tempranillo — chamadas Tinta Roriz em Portugal — e as tradicionais variedades do Porto, a Tinta Barroca e a Touriga Nacional.

635. O Barca Velha sofre ligeiras variações de uma safra para outra, como um vinho Bordeaux de alta classe, mas carrega sua marca de intensa fruta vermelha, especiarias, terra molhada, chocolate e defumado.

636. O Altano Reserva Douro 2001 é um excelente vinho da região do Douro. Ele é uma *assemblage* de duas uvas nativas de Portugal — a Touriga Nacional e a Touriga Franca — e é envelhecido em carvalho, criando um vinho com sabores de cereja madura, fruta vermelha e fava de baunilha.

637. Os vinhos secos do Douro tendem a ser elaborados com as mesmas variedades daquelas do Porto, como a Tinta Roriz, a Touriga Nacional e a Touriga Franca.

638. A Sogrape é a maior companhia produtora de vinhos de Portugal, e sua qualidade vai de vinhos de fácil consumo, como o sempre presente Mateus *Rosé*, até seus melhores tintos, como o belo, sedoso e intenso Reserva Alentejo. Esse tinto é um vinho sedutor vendido a um preço de dar água na boca: menos de 20 dólares.

639. Outro excelente produtor da região do Alentejo é Cortes de Cima. Os vinhos produzidos na propriedade de sua família vão do Touriga Nacional 2003, com sabor de rosas, violetas, frutas silvestres pretas e especiarias, ao vinho chamado Hans Christian Andersen, elaborado com 100% de uvas Syrah colhidas à mão. A safra de 2005 desse último vinho é toda ameixa madura, cereja, baunilha e especiarias, mas desenvolverá mais complexidade na garrafa à medida que amadurecer.

640. A DFJ Vinhos produz vinhos de boa qualidade provenientes das regiões portuguesas de Estremadura e Ribatejo — com bons preços.

641. Outro prestigiado produtor em Portugal é João Portugal Ramos. Seus vinhos são modernos, como o Marquês de Borba 2003, que oferece fabuloso valor por menos de 15 dólares. Fruta vermelha intensa, café e especiaria, com um final prolongado.

642. Embora Portugal não seja conhecido por produzir grandes vinhos brancos, um deles, chamado Vinho Verde, sacia a sede, é refrescante e acessível. Seu nome literalmente se refere ao fato de ser um vinho para ser bebido quando jovem, geralmente dentro do ano da colheita. Embora um tinto seja produzido tanto quanto um branco, apenas os brancos são exportados. Espere um vinho floral, muito seco, ácido e leve, ligeiramente frisante. A Sogrape é uma produtora confiável.

643. No rótulo de um vinho português, a palavra *quinta* geralmente significa a propriedade; *casta* diz respeito à variedade da uva; *seco* significa sem açúcar; *doce* significa que tem açúcar; *vinho tinto*, que é produzido com uma variedade de uva tinta.

644. Portugal foi privilegiado com excelentes safras em 2000, 2001, 2002 e 2004.

O Porto

645. Você ainda pode guardar uma forte imagem romântica do Porto sendo elaborado por pessoas pisando as uvas em grandes tanques de granito chamados *lagares*. De fato, as primeiras duas horas da jornada de trabalho são um movimento de marcha, seguido por um par de horas de dança ao som de música, que geralmente se estende por toda a noite.

646. Lagares mecanizados e prensas automáticas têm substituído o trabalho do ser humano na prensagem das uvas desde 1990, mas a pisa com os pés ainda é mantida pelos produtores de Portos Vintage de alta qualidade, bem como pelas casas menores e mais tradicionais.

647. O Porto é essencialmente um vinho doce muito potente. É elaborado pela fermentação das uvas esmagadas até atingir teor alcoólico de 6% a 9%, e a seguir pela adição de destilado de álcool, que eleva o teor alcoólico para 20% por volume, matando o fermento e interrompendo a fermentação. Os fermentos são mortos antes que possam transformar todo o açúcar remanescente em álcool e por isso o vinho permanece doce.

648. A maioria dos vinhos do Porto é elaborada com uvas tintas, mas ocasionalmente Portos brancos são produzidos. O Porto Branco é elaborado com uvas brancas e tem uma aparência dourada devido ao tempo de permanência nas barricas.

649. O Porto Tawny tem cor âmbar e pode ser elaborado de duas maneiras. Os Tawny mais acessíveis são elaborados pela mistura de tintos jovens e Porto Branco, sendo reconhecidos por uma borda vermelha. Os Tawny mais caros são elaborados apenas com Porto tinto envelhecido em barricas de carvalho por um longo período de tempo antes do engarrafamento, sendo reconhecidos por uma borda marrom e altos preços.

650. Os melhores Portos Tawny indicam a idade do vinho no rótulo — o padrão é dez, vinte, trinta, ou acima de 40 anos —, além do ano do engarrafamento. Esses vinhos não precipitam sedimento; assim, não há necessidade de decantá-los com a finalidade de eliminá-los. A decantação fornece oxigênio ao vinho e é um bom procedimento se você desejar beber toda a garrafa em um curto espaço de tempo. Sem decantar, o vinho pode permanecer durante algumas semanas na garrafa.

651. Um Porto vinte anos indubitavelmente é valioso porque combina a complexidade da idade sem o ímpeto da juventude.

652. Um bom Porto tem sabor adocicado, mas finaliza seco. Isso significa a ausência de uma doçura enjoativa após ter sido deglutido, devido à sua acidez intrínseca que provoca salivação e limpa o paladar. A doçura no vinho esconde a acidez; assim, o Porto nunca parece realmente amargo.

653. O Porto Ruby é um vinho jovem fortificado, sem especificação de safra, geralmente engarrafado e vendido após uma permanência de três anos em barricas. É acessível, frutado e popular.

654. Se no rótulo de um Porto Ruby aparece a palavra *reserve*, isso indica que ele foi maturado em carvalho por cerca de seis anos antes de ser engarrafado. Os Ruby Reserve são mais complexos e harmoniosos do que um Ruby simples.

655. Se você aprecia o Porto Vintage, mas não quer pagar o preço por essa seleção Premium, compre o Porto Crusted ou o Porto Late-Bottled Vintage.

656. O Porto Crusted é um estilo Ruby maduro com presença de sedimento e, como o Porto Vintage, necessita de decantação. O Porto Crusted e o Porto Vintage são engarrafados sem filtragem para que os mínimos sabores possam conferir caráter ao vinho na garrafa. Diferente do Porto Vintage, o Crusted não apresenta em seu rótulo a safra, porque ele é geralmente uma mistura de diferentes anos, está pronto para ser bebido quando colocado à venda e é relativamente barato.

657. O Porto Late-Bottled Vintage Porto (LBV) está um nível acima do Porto Crusted em termos de qualidade, tendo permanecido mais alguns anos em barrica. O LBV é engarrafado não filtrado e precipita um sedimento, mas, ao contrário do Porto Crusted, ele mostra um ano no rótulo — semelhante ao Porto Vintage.

658. O LBV pode ser filtrado — como os da versão Taylor, que não necessitam de decantação.

659. O LBV se mantém durante algumas semanas se não for decantado. A decantação expõe o vinho ao oxigênio, diminuindo a quantidade de tempo que mantém seu frescor.

660. O Porto Colheita é um requintado Porto Tawny de uma única safra, maturado em carvalho durante pelo menos oito anos antes de ser engarrafado. Ele não precipita sedimento; assim, não se preocupe em decantá-lo com a finalidade de removê-los.

661. O Porto Vintage é produzido apenas em anos excepcionalmente bons e geralmente com frutos das melhores vinhas. Com relação a quais anos são bons, nem todas as casas concordam; assim, os anos dos Porto Vintage podem variar de acordo com o produtor. O Porto Vintage é o mais caro estilo de Porto que você pode adquirir.

662. O ano de 1985 foi excelente para o Porto Vintage, que foi reconhecido por unanimidade entre quase todos os produtores.

663. O Porto Vintage é engarrafado com a idade de dois anos e envelhece na garrafa durante anos. Ele não deve ser bebido por pelo menos quinze anos da data da colheita, e durante esse período desenvolverá grande complexidade e intensidade de sabor. Esse é o charme do vinho e a razão do seu alto preço. Pelo fato de ser envelhecido na garrafa e de ser um vinho tinto não filtrado, necessita ser decantado para separar o vinho do sedimento.

664. O Porto de Quinta Única ("Single Quinta Vintage") é um vinho elaborado com o fruto de uma única vinha em um determinado ano. Ele é a nata da colheita no mundo do vinho do Porto.

665. Ao decantar um Porto Vintage, considere usar uma peneira devido à natureza do sedimento que é mais friável do que o de um vinho tinto envelhecido não fortificado.

666. Bons anos para os Porto Vintage recentemente foram os de 1997, 2000 e 2003.

O Madeira

667. O Madeira é um vinho fortificado, elaborado na ilha do mesmo nome localizada além da costa do Marrocos. A Ilha da Madeira é uma possessão de Portugal.

668. O Madeira é apresentado em quatro estilos: Sercial (moderadamente seco), Verdelho (mais seco), Bual (meio seco) e Malmsey (doce).

669. O produtor Henriques & Henriques produz aconchegantes vinhos Madeira. O Sercial é todo torradas, caramelo, amêndoas, avelãs, nozes, frutas desidratadas e sensação de serenidade ao paladar. Ele é o meu vinho fortificado favorito atualmente.

670. O Madeira é o único vinho que pode ser guardado indefinidamente depois de aberto sem perder seu caráter ou finesse, devido à maneira como é elaborado. Os produtores aquecem esse vinho fortificado de maneira contínua — um processo denominado estufagem — em barricas abertas. Esse processo carameliza os açúcares e oxida o vinho de maneira intencional, criando o sabor característico de caramelo e levemente picante. Os vinhos são freqüentemente maturados em barricas depois desse processo, resultando em aromas e sabores tostados e com complexidade considerável.

671. Para saber por quanto tempo uma garrafa de vinho Madeira permaneceu em barrica durante o processo de maturação, basta dar uma olhada no rótulo. A palavra *reserva* significa mais de cinco anos; *reserva especial,* mais de dez anos; *reserva extra,* mais de quinze anos. O assim chamado Madeira Vintage deve permanecer pelo menos durante vinte anos em barrica e dois anos na garrafa antes de ser colocado à venda.

672. Como acontece com todos os vinhos, quanto mais tempo o Madeira for envelhecido em barrica, mais complexo ele se torna. Além disso, quanto melhor a qualidade do vinho, mais tempo ele suporta o envelhecimento em barrica.

673. As variedades de uvas utilizadas no Madeira são a Sercial, a Verdelho, a Bual, a Malmsey, a Tinta Negra Mole, a Terrantez e a Bastardo.

Capítulo 13

O Vinho Alemão

674. O mais importante segredo do vinho alemão é que ele está fora de moda e depreciado, o que significa que podemos encontrar bons vinhos alemães com preços excelentes. Como em todas as regiões produtoras de vinhos, as melhores garrafas vêm dos melhores produtores.

675. O Riesling da Alemanha já teve seus preços mais altos do que os Premier Cru de Bordeaux no final do século dezenove e início do século vinte. Os vinhos da Alemanha foram considerados os mais finos da Europa, mas declinaram em qualidade no século vinte; atualmente, estão tentando readquirir uma posição respeitável no palco do mundo.

676. O vinho alemão tende a ser bem leve, atingindo até cerca de 9% de teor alcoólico.

677. Os vinhos alemães são geralmente leves quanto ao seu teor alcoólico devido ao clima frio. Em climas frios, as uvas não atingem total maturação, desenvolvendo menos açúcar para ser convertido em álcool. As baixas temperaturas também produzem uvas e vinhos com maior nível de acidez natural — ou ácido. É claro que a variedade da uva ou a *assemblage* também influencia no nível final da acidez.

678. Os vinhos da Alemanha são na maioria brancos e com freqüência mostram alguma doçura. Entretanto, vinhos muito secos estão aumentando sua disponibilidade, principalmente os com preços mais altos.

679. A palavra *trocken* aparece nos rótulos dos vinhos secos, enquanto a palavra *halbtrocken* está presente naqueles secos, mas com açúcar residual, ou levemente adocicados. Se nem *trocken* ou *halbtrocken* aparecem no rótulo, é seguro admitirmos que o vinho seja doce.

680. Os vinhos rotulados com a palavra *beerenauslese* são os equivalentes alemães dos vinhos doces de Sauternes na França. As uvas foram afetadas pela podridão nobre, conferindo aquele delicioso traço de compota ao paladar. Esses vinhos são maravilhosos e freqüentemente vendidos em meia garrafa. Os vinhos alemães *trockenbeerenauslese* são mais acessíveis que o correspondente francês e geralmente de muito boa qualidade. Não consigo pensar em um presente mais charmoso.

681. Os vinhos rotulados *auslese* ou *beerenauslese* são doces, sendo que o primeiro é mais doce do que o segundo, mas não tão concentrados e ricos como os *trockenbeerenauslese*.

682. Os vinhos *auslese e beerenauslese* são freqüentemente elaborados com uvas afetadas pela podridão nobre — chamada de *edelfäule* na Alemanha.

683. O Eiswein é o equivalente alemão do *ice wine* do Canadá. Esses vinhos são elaborados pela prensagem de uvas congeladas, de tal maneira que a água permanece na forma de cristais de gelo e o suco prensado é um espesso néctar incrivelmente doce, bem como o vinho resultante. Entretanto, como os demais vinhos doces da Alemanha, esses vinhos raramente mostram o delicioso caráter de compota conferido pela podridão nobre.

684. Quase todos os vinhos produzidos na Alemanha mostram no rótulo o nome da uva com a qual é elaborado. Conheça o nome de algumas uvas da Alemanha e a qualidade de seus produtores e você se colocará no caminho para adquirir bons vinhos alemães.

685. Se o nome da uva estiver no rótulo de um vinho alemão, por lei ele deve ser produzido com pelo menos 85% daquela variedade de uva. Se a safra aparece no rótulo, pelo menos 85% da uva usada na sua elaboração têm de ser colhida dentro daquele ano.

686. As principais uvas brancas da Alemanha são a Riesling, a Müller-Thurgau, a Silvaner, a Kerner, a Scheurebe e a Rülander (conhecida na França como Pinot Gris). As variedades tintas incluem a Spätburgunder (também conhecida como Pinot Noir), a Portugieser, a Trollinger e a Dornfelder.

687. O Riesling é considerado o melhor vinho branco da Alemanha. O Riesling alemão envelhece muito bem, e um Riesling envelhecido exsuda um inconfundível aroma de gasolina.

688. A Weingut Max Ferd Richter é uma propriedade familiar de trezentos anos na área de Moselle, e a principal produtora de Riesling. Seu clássico Riesling seco geralmente mostra aromas e sabores de maçãs Granny Smith, casquinha de limão e rochas aquecidas. Ele é deliciosamente longo, mantendo-se estruturado e firme na boca.

689. O Wegeler Estate Riesling 2002 é outro exemplo de um vinho fino do Moselle com aromas e sabores de pêssego, casquinha de limão cristalizada, damasco e nuances de maracujá. Ele é seco, com açúcar residual e maravilhosamente equilibrado, integrado com um toque de acidez de suco de limão, contrabalanceando uma leve doçura. Ele se desenvolverá bem em garrafa até por volta de 2010.

690. Entre os produtores confiáveis de vinhos da Alemanha, citamos: Bürklin-Wolf, da região de Pfalz; Schäfer-Fröhlich, do Nahe; Loosen, do Moselle.

691. Um total de 60% dos vinhos alemães exportados é de Liebfraumilch, um vinho doce, vibrante, comum, com baixo teor alcoólico. O Blue Nun e o Black Tower são duas marcas de Liebfraumilch.

692. Poucos produtores alemães escolheram um caminho menos transitável e decidiram produzir vinhos orgânicos. Procure pelos seguintes nomes: Eymann, Schloss Wallhäusen e Sander.

693. Entre as propriedades na Alemanha que adotaram métodos biodinâmicos no cultivo de uvas estão a Freiherr Heyl zu Herrnsheim, a Hahnmülle e a Wittmann.

694. Todos os anos de 2001 a 2004 representaram boas safras para os vinhos da Alemanha.

695. O ano de 2003 foi particularmente muito bom para os Rieslings alemães, mas muito pouco vinho foi produzido. Se você os encontrar, e se for de um bom produtor, compre-os.

Capítulo 14

O Vinho Austríaco

696. A Áustria produz vinhos secos muito bons, principalmente com as uvas Grüner Veltliner, Pinot Blanc e Riesling.

697. O Grüner Veltliner é geralmente muito seco, vibrante e tem sabor de limão fresco. Ele é um varietal da uva principal da Áustria e um dos meus drinques favoritos no verão.

698. O Weingut Brundlemayer é um excelente produtor na região de Kamptal. Seu Riesling Heiligenstein Alte Reben 2002 é excepcional. Tem um aroma discreto e delicado de limão. Ao paladar, minerais e limão Taiti, laranjas e limão siciliano, caju e amêndoas. Discreto e rico.

699. O Riesling Steinmassel 2002 elaborado por Weingut Brundlemayer é delicioso. Aroma de maçã e mineral com sabores vibrantes de limão e laranja, toque de fruta tropical e de frutas secas. Muita energia equilibrada com uma sensação sensual e macia na boca.

700. Dr. Unger é um produtor excelente que elabora vinhos excepcionais na região de Kremstal. Seu Riesling Reserve 2002 mostra discrição no aroma, com leve sugestão de pêssegos antes do ataque ao paladar com sabores de suco de limão, pêras cozidas e um vibrante kiwi. Crocante e seco. No final, ressoa um aroma óbvio de pimenta branca. Com 13,5% de álcool, é um vinho encorpado e bom para harmonizar com comida. Perfeito com patê de salmão.

701. Alguns dos melhores Rieslings da Áustria são provenientes da região de Wachau.

702. A Áustria produz excelentes vinhos doces com vigorosa e límpida acidez.

703. *Extratrocken, trocken, halbtrocken, süss, beerenauslese (BA)* e *trockenbeerenauslese* são termos que podem aparecer nos rótulos de vinhos da Áustria, para indicar aumento progressivo dos níveis de doçura. *Extratrocken* significa muito seco e o *trockenbeerenauslese* (TBA) é extremamente doce, elaborado com uvas desidratadas pelo *botrytis*.

704. Os austríacos BA e TBA são mais acessíveis do que seus correspondentes alemães e muito menos do que os Sauternes. Oferecem boa qualidade pelo preço.

705. Burgenland é a mais importante região de vinho doce da Áustria. Os vinhos doces de Burgenland são elaborados com o fruto afetado pela podridão nobre; assim, espere por aquele maravilhoso e suculento caráter de compota semelhante aos vinhos franceses de Sauternes e Barsac.

706. Weingut Geyerhof produz vinhos orgânicos.

707. Nikolaihof Wachau e Weingut Schönberger são produtores biodinâmicos.

708. As melhores safras recentes para o vinho dà Áustria são as de 1999, 2000, 2002, 2003 e 2004.

Capítulo 15

O Vinho Suíço

709. Em geral, cerca da metade de todos os vinhos suíços é tinta e a outra metade é branca. A Chasselas é a principal variedade de uva branca da Suíça, mas a Müller-Thurgau (localmente chamada Riesling-Sylvaner) e a Sylvaner são também extensamente produzidas. A Blauburgunder (Pinot Noir) é a principal tinta da Suíça, enquanto a Gamay e a Merlot são também cultivadas em grande quantidade.

710. Além das familiares variedades de uvas cultivadas internacionalmente, a Suíça cultiva a incrível quantidade de quarenta tipos diferentes de uvas nativas, sendo que dessas, a maioria não é cultivada em nenhum outro local do mundo.

711. Os vinhos suíços tendem a apresentar menor nível de acidez — menos ácido — e maior teor alcoólico do que seus correspondentes na Alemanha e na Áustria.

712. Os vinhos suíços em geral são caros e difíceis de serem encontrados fora da Suíça, mas sua exportação tem aumentado a cada ano. Os maiores importadores de vinhos tintos suíços são a Alemanha, os Estados Unidos e a França, enquanto os principais importadores de vinhos brancos são a Alemanha, a Bélgica e a França.

713. Domaine de Beudon é um produtor biodinâmico certificado na Suíça.

714. O ano de 2003 foi muito bom para o vinho suíço.

Capítulo 16

Os Vinhos da Europa Central e do Leste

715. O melhor vinho proveniente do Leste e da Europa Central é o Tokaji Aszú, um vinho doce com o mesmo nome da cidade de Tokaj na Hungria.

716. Tokaji é uma região produtora de vinho na Hungria e Aszú significa podridão nobre. Assim, os vinhos rotulados como Tokaji Aszú são elaborados com uvas afetadas pelo *botrytis* e, conseqüentemente, são doces. Eles mostram sabores característicos de damascos e compota como os de Sauternes, na França, e Burgenland, na Áustria. É importante ter em mente que a região de Tokaji produz vinhos doces e secos; portanto, assegure-se de que a palavra Aszú aparece no rótulo se estiver procurando uma versão doce.

717. Quanto mais *puttonyos* aparecem em uma garrafa de Tokaji Aszú, mais doce é o vinho. Um mínimo de três e no máximo seis podem aparecer nos rótulos. *Puttonyos* vem da palavra *puttony*, que era o nome dos cochos portáteis tradicionalmente utilizados para despejar as uvas com a podridão nobre em uma barrica de vinho seco básico durante o processo da elaboração do Tokaji Aszú. Quanto mais *puttonyos* eram despejados, mais doce seria o vinho resultante. Os *puttonyos* evidentemente não são mais utilizados, mas os rótulos dos vinhos ainda refletem essa tradição.

718. Além dos seis *puttonyos*, existe um vinho ainda mais doce chamado Aszú Eszencia, mas é muito raro e muito caro.

719. Os melhores produtores do Tokaji Aszú são Szepsy e Királyudvar. O nível de produção é pequeno, e os vinhos são caros para serem produzidos e para serem comprados, mas a qualidade é excepcional.

720. Os sabores clássicos do Tokaji Aszú são caramelo aquecido, damascos suculentos e mel encorpado. Outros vinhos doces podem ser mais populares, mas esse vinho é geralmente melhor.

721. As melhores safras recentes para o Tokaji Aszú são as de 1995, 1999, 2000 e 2003.

722. A Hungria também produz vinho seco, principalmente com a uva Furmint. O vinho tem tendência a ser vibrante e com sabor de mel e de maçãs.

723. A indústria de vinho da Bulgária está tentando melhorar sua qualidade e sua reputação. Hoje o vinho do país está acima da média quando comparamos com vinhos do mesmo preço das outras regiões do mundo.

724. O consultor de vinhos Michel Rolland — tudo em que ele toca se transforma em ouro — recentemente adicionou uma vinícola da Bulgária à sua lista de clientes. Ele está atualmente trabalhando com a Telish Wine Cellars, no norte da Bulgária, para melhorar a qualidade desse produtor de vinhos. Espere boas coisas por vir.

725. Movia, na Eslovênia, é um dos poucos produtores de vinhos biodinâmicos e orgânicos na Europa Central e do Leste.

Capítulo 17

Os Vinhos do Mediterrâneo

726. Apesar da constante agitação política de Israel e da ausência de uma imagem como país produtor de vinho, estão surgindo alguns bons vinhos em duas regiões — Alta Galiléia e Colinas da Judéia. O solo, a altitude e o clima desses locais têm condições favoráveis para o cultivo de uvas e os produtores estão chegando a essa área para elaborar vinhos de alto calibre.

727. Uma dupla de proeminentes produtores de vinhos em Israel são Domaine du Castel e Golan Heights Winery. O primeiro produz vinhos sob o nome Castel-Grand Vin; o segundo, vinhos com o nome de Yarden, Gamla e Golan em seus rótulos. Os vinhos de qualidade de Israel são um fenômeno novo. A primeira prensagem do Domaine du Castel ocorreu em 1992, e a Golan Heights Winery estreou seu primeiro vinho em 1984.

728. O Château Musar é o mais famoso vinho do Líbano. Localizado a menos de 22 quilômetros de Beirute, a instabilidade política coloca muitos desafios que nem todos o produtores de vinhos estão dispostos a encarar (como bombardeios), mas mesmo assim Musar continua a produzir vinhos de boa qualidade sob o nome do próprio Château.

729. O Chipre produziu vinho há seis mil anos e foi o primeiro país do Mediterrâneo a fazê-lo.

730. Embora a Grécia produza vinhos com variedades internacionais como a Cabernet Sauvignon, a Sauvignon Blanc, a Chardonnay, a Syrah e a Viognier, vale a pena procurar por vinhos que incluem a Assyrtiko, a variedade local. Trata-se de uma uva branca com frescor de limão e final mineral. A nuance de rocha é mais pronunciada quando ela é cultivada no solo vulcânico de Santorini.

731. Sigalas Paris é o principal produtor de vinho na Ilha de Santorini, com uma gama de vinhos deveras excitantes com uvas cultivadas organicamente. Seus vinhos brancos são 100% Assyrtiko, com ou sem carvalho. Os vinhos de Sigalas Paris têm bom equilíbrio de extrato e acidez, com aromas e sabores de uma mistura de casquinhas de frutas cítricas e aqueles característicos de terra e mineral provenientes do solo de Santorini. As versões com carvalho mostram-se bem integradas com a complexidade da madeira.

732. O vinho grego não é — e parece que nunca será — barato. Isso porque os produtores são pequenos e as despesas com os custos de sua produção ainda permanecem relativamente altas em relação à produtividade.

733. Se você se deparar com uma garrafa de vinho da Grécia chamado Retsina, lembre-se de que ele é flavorizado com resina de *pinus* e é geralmente um gosto adquirido.

Capítulo 18

O Vinho Americano

Os Vinhos da Califórnia

734. Vários vinhos da Califórnia adquiriram o *status* de *cult* nos últimos vinte anos. Esses vinhos, assim chamados *cult wines*, colocam-se acima de seus companheiros em nuvens cheias de elogios, insufladas por ardorosos seguidores e por entusiasmados críticos de vinhos. Eles geralmente oferecem — e freqüentemente cumprem — boas expectativas, mas os preços são muito altos. A lista dos *cult wines* é um tanto quanto nebulosa e muda de ano para ano, mas atualmente se acredita que incluem os vinhos de Araujo Eisele Vineyards, Bryant Family Vineyard, Colgin Cellars, Dalla Valle Vineyards, Grace Family Vineyards, Harlan Estate, Screaming Eagle Winery e Shafer Vineyards. O protótipo e núcleo dos *cult wines* da Califórnia é o Screaming Eagle.

735. O Screaming Eagle adquiriu o *status* de *cult* quase que imediatamente quando, após sua primeira safra em 1992, o poderoso crítico de vinhos dos Estados Unidos Robert Parker Jr. concedeu-lhe 99 pontos de 100, espalhando uma febre de demanda pelas 225 caixas de vinho produzidas naquele ano. Atualmente, cerca de seiscentas caixas são produzidas — embora variem de safra para safra — e a única maneira de conseguir algum desses vinhos é estar na *mailing list* da vinícola, para a qual havia uma lista de espera de doze anos em 2006.

736. Para cada pessoa na *mailing list* do Screaming Eagle são fornecidas três garrafas ao preço de 300 dólares cada uma. Depois, alguns comerciantes compram os vinhos em leilões e revendem. Você pode comprar a safra de 2003, por exemplo, da Saratoga Wine Exchange por 1.200 dólares a garrafa. No leilão "2000 Napa Valley Wine Auction", uma garrafa de seis litros da primeira colheita do Screaming Eagle foi vendida por 500.000 dólares.

737. Em março de 2006, a Screaming Eagle Winery foi vendida para dois investidores financeiros, Charles Banks e Stanley Kroenke. Esperamos que o vinho não mude com os novos donos. Banks disse ao *San Francisco Chronicle*, logo após ter adquirido a vinícola, que ele não tem planos de mudar a mestre da adega, Heidi Barrett, afirmando: "Enquanto ela quiser permanecer lá, ela ficará".

738. Heidi Barrett é uma mestra de adega independente, que produziu vinho para clientes de alto prestígio no vale do Napa tais como Screaming Eagle, Paradigm Winery, Dalla Valle Vineyards, Barbour Vineyards, Amuse Bouche Winery, Lamborn Family Vineyards, Showket Vineyards, Grace Family Vineyards,

Silver Oak Cellars, Franciscan Estates e Buehler Vineyards. Seu mais recente cliente é a Revana Family Vineyard. Além disso, recentemente ela iniciou (com 1.500 caixas) a produção do seu próprio vinho denominado La Sirena, uma linha que inclui dois Syrahs, um Cabernet Sauvignon e um Muscat Canelli seco.

739. Dick Grace, proprietário da Grace Family Vineyards, doa milhares de dólares dos lucros de seus *cult wines* para um programa de caridade para crianças no Nepal, no México e na Índia. Grace é um budista devoto. Se você está curioso por saber como é o sabor de seu vinho, o Grace Family Cabernet Sauvignon 2003 mostra camadas complexas de especiarias, chocolate, cassis, cereja preta, café e ervas.

740. Embora a Califórnia não seja geralmente conhecida por seus Sauvignon Blanc da maneira como é o Vale do Loire, na França, e a região de Marlborough, na Nova Zelândia, o estado produz alguns finos exemplos dessa variedade a preços surpreendentemente acessíveis. Por cerca de 10 dólares, o Racho Zabaco´s Dancing Bull Sauvignon 2004 é uma boa compra. De fato, seu mineral e seu frescor são extremamente semelhantes ao Sauvignon Blanc de boas regiões do leste do Loire, tais como Pouilly Fumé. Sabores discretos de aspargo, maçã e ervas circulam ao redor de uma firme e intensa estrutura. Um vinho muito bom, acompanhamento ideal para um jantar ao ar livre.

741. Somente na Califórnia uma reconhecida estrela poderia se imiscuir com o reinado do vinho. Em

1974, Francis Ford e Eleanor Coppola utilizaram os *royalties* do filme *O Poderoso Chefão* para adquirir a Niebaum-Coppola Estate Winery e produzir seu carro-chefe, o vinho Rubicon. Esse vinho foi batizado com o nome do rio que Júlio César atravessou quando marchou sobre Roma para conquistar o poder. César sabia que, uma vez atravessado o Rubicon, não haveria caminho de volta. Coppola afirmou que ele sabia, quando enterrou os *royalties* de *O Poderoso Chefão* nessa propriedade, que era um caminho sem volta. Ele foi assegurado de que estava no caminho certo pelo vizinho e amigo "Bob" (Mondavi), e duas outras seqüências de *O Poderoso Chefão* confirmaram o lugar do Rubicon na história da produção de vinho.

742. A recente preciosidade da Niebaum-Coppola Winery é uma latinha rosada de um frisante. O vinho é batizado de Sofia Mini Blanc de Blancs, nome da atriz e diretora Sofia Coppola, filha de Francis Ford Coppola. O vinho é uma mistura de Pinot Blanc, Sauvignon Blanc e Muscat, sendo vendido pelo preço de 20 dólares cada quatro latas; tem um sabor cítrico, de damascos, tangerina e pêra. É seco, frutado, aromático e, por sinal, é uma das coisas favoritas de Oprah Winfrey.

743. Em uma extraordinária degustação às cegas realizada em Paris em 1976, proeminentes Cabernets da Califórnia venceram vinhos de primeira linha de Bordeaux. Foi uma enorme façanha que abalou as fundações do mundo do vinho e estabeleceu o palco para um crescente sucesso no mercado dos vinhos Premium e Super Premium para a Califórnia. Na degustação, os vinhos Cabernet Sauvignon da Califórnia, incluindo o Ridge Monte Bello 1971, o Stag's Leap Wine Cellars 1973, o Macayamas 1971, o Heitz 1970 e o Clos du Val 1972 venceram os melhores vinhos de Bordeaux. A degustação foi repetida em Londres, em maio de 2006, e os resultados foram surpreendentes. O site decanter.com relatou: "Alguns dos mais eminentes degustadores do mundo concluíram que os vinhos da Califórnia retiveram mais de seu vigor durante os anos do que os de Bordeaux".

744. O mundo está repleto de Chardonnays medíocres; assim, é inspirador encontrar um excitante exemplo que lembra o protótipo do Chardonnay — o branco da Bourgogne. O Estancia Estate's Pinnacles Chardonnay de Monterey é todo Bourgogne; ele tem finesse e classe com uma textura delicada, grande equilíbrio, amêndoas discretas e um sutil amanteigado entrelaçado com baunilha. O que acelera o pulso é seu preço abaixo de 10 dólares. Mas beba-o. Ele não é elaborado para ser envelhecido.

745. O Beringer White Zinfandel é um vinho *rosé* suculento e frutado com perfume de morangos. Uma boa compra pelo seu valor se você estiver procurando um vinho para saciar a sede ao ar livre, em um dia quente de verão. Barato e agradável.

746. Os vinhos rotulados de Napa Gamay e Gamay Beaujolais na realidade não são elaborados com as uvas Gamay. A Gamay Beaujolais é um clone da Pinot Noir; a Napa Gamay é a Valdiguié, uma uva da região francesa do Midi.

747. Embora a Pinot Noir seja geralmente uma uva de clima frio, uma vinícola da Califórnia está fazendo um excelente trabalho ao produzir vinhos com essa variedade. Na Hartford Family Winery, Don e Jennifer Hartford produzem sete vinhos finos com a Pinot Noir de vinhas de baixa produtividade cultivadas em pequenas áreas de clima frio. Os resultados são a soma das manifestações da paixão da família e o conhecimento das uvas. Os vinhos podem ser comprados *online* no site www.hartfordwines.com.

748. A Califórnia é o estado líder na produção de vinhos nos Estados Unidos. Uvas viníferas são cultivadas em quarenta e seis dos cinqüenta condados, cobrindo uma área de 513.000 acres (207.603 hectares) em 2004, de acordo com o Wine Institute of California.

749. Há mais de noventa e três American Viticultural Areas (AVAs) na Califórnia, as quais são áreas cultivadas com uvas e reconhecidas pelo governo dos Estados Unidos — o que equivale às denominadas *appelations* da Europa. As áreas oficiais AVA incluem: Alexander Valley, Anderson Valley, Dry Creek Valley, El Dorado, Guenoc Valley, Howell Mountain, Lodi, Los Carneros, Malibu-Newton Canyon, Mendocino, Mendocino Ridge e Monterey, para citar só algumas.

750. Os vinhos da Califórnia atraem turistas. Vinícolas e vinhas são a segunda mais popular destinação turística na Califórnia depois da Disneylândia, com 14,8 milhões de turistas visitando as regiões vinícolas do estado a cada ano.

751. A Zinfandel é uma das pedras fundamentais das variedades de uvas da Califórnia, produzindo vinhos com os sabores de licores de amora, mirtilo e framboesa com toques de pimenta-do-reino.

752. Existe uma frase no ramo a respeito da degustação às cegas de vinhos tintos que diz: "Se é tinto e é doce, provavelmente é Porto". Eu estava em Paris um dia quando o proprietário de um café colocou duas taças de um vinho tinto doce em nossa mesa após o almoço. Nós consideramos e concordamos que a deliciosa surpresa seria um vinho do Porto. Depois ele nos mostrou a garrafa. Era um Late Harvest Zinfandel do Rosenblum Cellars. Não posso deixar de recomendá-lo com insistência. Ele estava ensolarado e maduro, mas bem equilibrado, achocolatado e delicioso.

753. O Rosenblum Cellars produz uma gama de agradáveis vinhos doces, incluindo: Late Harvest Zinfandel, Late Harvest Viognier, Zinfandel Port, Black Muscat e Désirée Chocolate Dessert Wine.

754. Os principais produtores do Zinfandel são Ravenswood e Rosenblum. O tinto Zinfandel apresenta, atualmente, umas das melhores relações preço/qualidade.

755. Um bem elaborado Zinfandel pode envelhecer muito bem se lhe for dada esta oportunidade. Os melhores exemplos podem, atualmente, melhorar até por três décadas.

756. O Ravenswood Vintners Blend é sempre fácil de ser bebido e vale pela qualidade que tem sabor maduro, aveludado, sensualmente agradável e a um preço de dar água na boca (menos de 10 dólares). É engarrafado pronto para beber.

757. Entre a ampla gama de Rosenblum Zinfandels, especialmente interessante é a do Harris Kratka Vineyard, em Alexander Valley. A safra de 2002 tem aromas de framboesa, cereja doce, violeta, pétala de rosa, baunilha e creme.

758. O Seghesio Old Vine Zinfandel do Sonoma County é um clássico Zin de grande intensidade. Atacam o paladar taninos firmes, framboesa e amora supermaduras, crocante, com um amplo espectro de ervas e especiarias saltando da sálvia à pimenta-do-reino branca. Não é um vinho fraco. Acompanhe com alimentos grelhados.

759. O Roederer Estate's Anderson Valley Brut é um belo vinho espumante da Califórnia. De propriedade da Louis Roederer, produtores do Champagne Cristal, o Roederer Estate's Anderson Valley Brut tem seu sabor próximo de um supermaduro e bem elaborado Champagne francês. Ele é para mim o melhor vinho espumante disponível atualmente e o mais próximo que você poderá encontrar do Champagne fora da renomada região da França. Esse espumante mostra alguns pontos altos dos exóticos Champagnes de Louis Roederer — sabores de rosquinha, brioche tostado, maçãs cozidas e toques de frutas secas e manteiga. Fresco, elegante e muito requintado.

760. Tradicionalmente, as vinhas ficavam prontas para a colheita quando o açúcar da uva atingisse um determinado nível medido por um refratômetro. Esse aparelho está sendo colocado de lado por muitos produtores, principalmente na Califórnia, que preferem testar diretamente a chamada maturação fenólica da uva. O argumento é de que outros elementos da uva amadurecem em diferentes fases daquele do nível do açúcar, bem como as cascas, o nível de acidez e os taninos. Assim, para alcançar o máximo da maturação, muitos produtores da Califórnia confiam na extensão do tempo de permanência dos cachos nas videiras por dias ou semanas além do seu período de crescimento para alcançar o máximo da maturação.

761. Desde os anos de 1970, as uvas da Califórnia têm sido colhidas tardiamente para produzir vinhos supermaduros e intensamente frutados com alto nível de extratos e álcool — estilo esse que está se tornando bem popular.

762. Uma reviravolta contra a tendência de vinhos superconcentrados e alcoólicos tem se desenvolvido e tomado corpo, principalmente na Europa, onde esses vinhos são vistos por alguns críticos como deselegantes, pobres na harmonização com outros alimentos e difíceis de se beber após uma taça e eventualmente outra. A concentração, como outros estilos relacionados com o assunto de vinhos, é uma questão de gosto pessoal.

763. A assim chamada "expressão *Terroir*" está adquirindo um lugar na Califórnia desde que alguns produtores preocupados com a qualidade estão procurando se colocar acima das massas para produzir vinhos que reflitam as pequenas áreas de sua origem.

764. Os sabores característicos do Cabernet Sauvignon produzido em Paso Robles tendem a ser de framboesas e cerejas pretas, cassis, tabaco, bálsamo e chocolate escuro. Os vinhos dessa área geralmente revelam taninos maduros, cor intensa, acidez vibrante e uma opulenta intensidade de fruta.

765. A vinícola Mount Veeder produz vinhos Cabernet Sauvignon que envelhecem bem, com elevados níveis de taninos, ricos em extrato, esbanjando cassis, violetas, anis em sementes e chocolate escuro.

766. Os vinhos Cabernet Sauvignon de Howell Mountain, no Napa Valley, expressam seu *terroir* com aromas e sabores de framboesa, cassis, pimenta preta e tabaco.

767. Um dos meus vinhos tintos favoritos do Napa, atualmente, é o Opus One 1999. Esse vinho excepcional — nascido de uma parceria entre um mestre da Califórnia, Mondavi, e o famoso produtor de Bordeaux, Baron Philippe de Rothschild — tem sabor de couro, especiarias, café, chocolate e uma quantidade de cerejas pretas doces, bem como caixa de charuto e enfumaçado. Ele é denso, concentrado e delicioso, mas ainda tem muito para oferecer. Envelhecerá na garrafa até por volta de 2015. Perfeito, inabalável e vale cada centavo de seu preço.

768. Os seguintes produtores praticam a viticultura orgânica: Araujo Estate Wines, Coturri Winery, Evasham Wood Winery, Fetzer Vineyards's Bonterra range, Frey Vineyards, Frogs Leap Winery, Patianna Organic Vineyards e Robert Sinskey Vineyard.

769. Grace Family Vineyards, Bonterra Vineyards, Brick House Vineyards, Viader Vineyards & Winery, Grgich Hills e Benziger Family Winery praticam viticultura biodinâmica. Como mencionamos anteriormente, a viticultura biodinâmica é uma maneira de cultivo que eleva os padrões orgânicos a um novo nível, trabalhando com a energia espiritual da terra. Isso produz melhores vinhos? De certa maneira, sim.

770. Algumas das melhores safras recentes da Califórnia foram as de 2001, 2002 e 2003.

Os Vinhos do Oregon, de Washington e de Idaho

771. O Oregon produz muito bons Pinot Noir. Na melhor das hipóteses, esse elixir é sedoso e perfumado, sedutor e elegante. A Pinot Noir é difícil de cultivar e apenas em alguns lugares do mundo tem bom resultado. O Oregon é um deles, e essa variedade de uva está se tornando uma reivindicação do estado para alcançar a fama no mundo do vinho.

772. A Pinot Noir do Oregon e de outros lugares é peculiar por ser um meio transparente para refletir o *terroir*. Por esse motivo, os vinhos podem ser muito diferentes, mas igualmente maravilhosos.

773. O Willamette Valley do Oregon, particularmente conhecido por sua Pinot Noir, é dividido em seis pequenas regiões, todas elas produzindo suas expressões próprias dessa uva vinífera e seu *terroir*. As regiões incluem Dundee Hills, Eola Hills, Chehalem Mountains, Yamhill-Carlton District, Ribbon Ridge e McMinnville. Se você está ligado no Pinot Noir do Oregon, sua paixão pode ser ainda melhor sintonizada focando em uma dessas regiões.

774. Dundee Hills elabora Pinot Noir com sabor de framboesa, cerejas pretas, terra molhada, trufas, caramelo e especiaria.

775. Eola Hills produz uma versão ampliada de Pinot Noir. Sabores de amoras, mirtilo, cerejas pretas, ameixa e mineral são proeminentes, algumas vezes com sugestões de pimenta-do-reino branca e flores desidratadas. Esses vinhos são encorpados e geralmente envelhecem bem.

776. Chehalem Mountains produz uma extensa linha de Pinot Noir indo de uma variedade intensamente perfumada com framboesa até um estilo com frutas silvestres pretas, concentrado e carregado na cor, dependendo da localização dos vinhedos, do clima e do produtor.

777. O Pinot Noir do Yamhill-Carlton District tende a encher a boca com sabores complexos de frutas vermelhas e pretas, tabaco, café, cravo e enfumaçado, bem como de violeta, rosa e lavanda.

778. Os vinhos de McMinnville são extremamente pigmentados para essa variedade que é vermelho-clara, com uma estrutura de taninos firmes e acidez e um paladar carregado de fruta e terra molhada.

779. O Ribbon Ridge Pinot Noir tem sabor de cereja preta, amora e cassis, bem como de terra molhada, especiaria e chocolate.

780. O Estado de Washington produz Riesling de primeira classe. O enólogo do Mosele Ernst Loosen e o Chateau Ste. Michelle em Washington produzem o que é reconhecidamente o melhor Riesling da América — um vinho chamado Eroica em homenagem a Beethoven. Uma barganha por menos de 20 dólares a garrafa.

781. O Cabernet Sauvignon 2000 do Chateau Ste. Michelle é um extraordinário vinho pelo seu preço. Um aroma suave, pimenta-do-reino preta, ameixa e cassis, seguido por um paladar intenso e cheio de taninos maduros e firmes e acidez equilibrada. Generoso na boca. É melhor quando acompanhado com carnes ou queijo para suavizar os taninos. Final médio. Muito bom pelo preço, em torno de 10 dólares.

782. O Columbia Valley Chardonnay 2004 do Chateau Ste. Michelle é elegante, requintado e diferenciado. Ele se inicia com aromas de coco e limão e abre na boca com sabores de limão intenso mesclado com frutas cítricas.

783. As áreas oficiais da American Viticultura Areas (AVAs) de Washington são: Yakama Valley, Walla Walla Valley, Columbia Valley, Puget Sound, Red Mountain, Columbia Gorge, Horse Heaven Hills e Wahluke Slope.

784. Em 1996, Washington abrigava oitenta vinícolas. Em 2006, havia mais de quatrocentas.

785. Fique de olhos, nos vinhos da vinícola Zefina, em Columbia Valley, Washington. Um vinho tinto que merece atenção é o chamado Serience Red, elaborado com as variedades de uvas do Rhône — Grenache, Syrah e Mourvedre. Esse vinho brilha com sabores arrojados de especiaria e couro, pimenta-do-reino preta, ameixa, cereja preta, enfumaçado, tabaco e sanguíneo, finalizando com especiaria, cerejas e enfumaçado. Longo. Compacto e equilibrado.

786. A vinícola Zefina também produz um excelente Zinfandel com sabor de chocolate, cereja, café e canela.

787. O Woodward Canyon Winery no Walla Walla Valley, em Washington, é um confiável produtor. Particularmente delicioso é o Artist Series Cabernet Sauvignon, exsudando intrigantes aromas de churrasco de carne apimentada, seguidos de carne tostada e ameixas vermelhas. Um toque de rocha molhada e pimenta-do-reino verde no final.

788. Em minha opinião, alguns dos melhores vinhos do Estado de Washington vêm da L'Ecole Nº 41, uma pequena vinícola familiar situada em um local chamado Frenchtown, em Walla Walla. O favorito é a safra 2001 do Seven Hills Merlot que mostra aroma de suco de carne caramelizado e marzipã, seguido por um ataque de marzipã, violetas, pimenta-do-reino preta, enfumaçado e frutas vermelhas ao paladar. Um vinho complexo e gratificante. Longo, delicioso, com excelente estrutura. Observe igualmente seus Sémillons.

789. O L'Ecole Nº 41 Cabernet Sauvignon 2001 é uma beleza clássica de vinhas de vinte e cinco anos de idade. O vinho se inicia com aromas de cassis maduros, castanhas de caju torradas e com exuberantes toques de especiarias, frutas vermelhas, frutas secas e pimenta-do-reino preta ao paladar. Taninos firmes e maduros. Um longo final.

790. Entre os outros produtores confiáveis de Washington que devem ser considerados, podemos citar: Leonetti Cellar, Quilceda Creek Winery, Powers Winery, Pepper Bridge Winery e Walla Walla Vintners.

791. A Badger Mountain Vineyard produz vinhos orgânicos no Estado de Washington. O Mountain Vintners Estate Cabernet Sauvignon 1999 dessa vinícola é soberbo, com aromas de cassis e especiarias conduzindo aos sabores de canela, pimenta-do-reino preta e cassis. Um vinho bem equilibrado, fechado, com taninos maduros que suavizaram com o envelhecimento. Muito bem elaborado.

792. A primeira vinícola de Idaho foi fundada em 1978 — a Ste. Chapelle, que atualmente é a maior produtora do Estado.

793. Idaho produz principalmente Riesling, Chardonnay e Pinot Noir — uvas difíceis que suportam os gelados invernos do Estado. Uma vez que essa região fria nem sempre produz frutas suficientemente maduras para a produção de vinho de mesa não frisante, são produzidos alguns espumantes com as uvas Chardonnay e Pinot Noir.

794. Menos de uma dúzia de vinícolas comerciais existem em Idaho atualmente.

795. Todas as safras de 1997 a 2004 foram muito boas para o Pinot Noir do Estado do Oregon.

796. As melhores safras recentes em Washington foram as de 2001, 2002, 2003 e 2004.

Os Vinhos do Estado de Nova York

797. O Estado de Nova York tem quatro regiões vinícolas — Finger Lakes, Lake Erie, Hudson River e Long Island.

798. As áreas de Finger Lakes, Lake Erie e Hudson River produzem os melhores vinhos Chardonnay,

Riesling, Gewürztraminer e Pinot Blanc do Estado de Nova York, bem como os melhores Merlot e Cabernet Franc na região.

799. Se você prefere os vinhos Sauvignon Blanc e Cabernet Sauvignon, procure pelos de Long Island. As condições para o cultivo nessa região são ideais para essas variedades de uva.

800. O melhor Pinot Noir do Estado de Nova York é produzido em Hudson Valley e na região de Finger Lakes.

801. O Estado de Nova York produz uma boa quantidade de seus vinhos com uvas francesas híbridas, e a melhor delas é provavelmente a Sevyal Blanc. Essa uva produz vinhos brancos secos e eventualmente secos e levemente adocicados, que nos lembram *grapefruit*, maçã verde e flores.

802. O Estado de Nova York tem pouco mais de duzentas vinícolas — uma pequena fração das 1.700 do Estado da Califórnia.

803. Os principais produtores no Estado de Nova York são: Swedish Hill, Lamoreaux Landing Wine Cellars, Atwater Vineyards, Standing Stone Vineyards, Hermann J. Wiemer Vineyard, Diliberto Winery, Osprey's Dominion Vineyards, Chateau Lafayette Reneau Winery e Pellegrini Winery and Vineyards.

804. Como o Canadá, o Estado de Nova York produz bons vinhos de colheita tardia, bem como os *ice wines*, ambos doces. Um que merece nossa atenção é o Icewine da Casa Larga Vidal chamado Fiori Della Stelle; o da safra de 2004 tem sabor de abacaxi e laranja com nuances de puro xarope de bordo.

Os Vinhos das Outras Regiões dos Estados Unidos

805. No dia 16 de maio de 2005, a Suprema Corte deliberou que os americanos podem comprar vinhos diretamente fora dos estados em que residem — boas notícias para os pequenos produtores e para os apreciadores de vinhos. A nova deliberação derrubou as leis dos Estados de Nova York e Michigan, onde era ilegal comprar vinhos dessa maneira.

806. Cinqüenta estados dos Estados Unidos produzem vinhos. Atualmente existem mais de 3.700 vinícolas de costa a costa, contra 579 em 1975.

807. O vinho do Estado da Virgínia está construindo um nome para si próprio, com excelentes vinhos brancos. Vinícolas que merecem nossa atenção incluem a Rappahannock Cellars e a Keswick Vineyards.

Capítulo 19

O Vinho Canadense

808. Uma vez que as vinhas se desenvolvem melhor entre 30° e 50° ao norte e 30° e 50° ao sul do equador, é surpreendente que o Canadá produza vinhos de excelente qualidade com a maioria de suas terras situadas a 50° de latitude norte. Isso acontece devido ao aproveitamento de regiões de microclimas mais moderados. As maiores áreas cultivadas com vinhas incluem a região de Niágara em Ontário e o Okanaga Valley, na Colúmbia Britânica, que são as duas regiões que produzem os melhores vinhos do país, ainda que pequenas áreas produtoras existam em praticamente todas as províncias.

809. O Canadá vem produzindo vinhos finos a menos de cinqüenta anos. Inniskillin é a pioneira na produção de vinhos de boa qualidade em Ontário há cerca de trinta anos. Se comparado com os locais da Europa que produzem vinhos há séculos, o Canadá está ainda na tenra infância.

810. Alguns fatores importantes contribuíram nas últimas décadas para a melhoria da qualidade dos vinhos canadenses. O Free Trade Agreement — tratado de livre comércio — com os Estados Unidos, em 1988, e a supressão das leis que protegiam as vinícolas domésticas forçaram o Canadá a competir diretamente com as vinícolas americanas. O mais recente estímulo para a melhoria de qualidade veio com a certificação Vintners Quality Alliance, que estabeleceu padrões de qualidade para o vinho canadense. Ontário criou o padrão VQA em 1988; a Colúmbia Britânica, em 1990; e então a certificação VQA Canadá foi estabelecida em 1999. Quase todos os vinhos exportados são certificados VQA.

811. As recentes melhorias implementadas aos vinhos canadenses aumentaram a demanda por parte dos outros países. Em 2004, 16 milhões em dólares canadenses relativos a vinho foram exportados contra apenas 6 milhões cinco anos antes. Os Estados Unidos são o mais importante mercado importador, mas a Ásia também compra boa quantidade de vinhos canadenses.

812. Ao comprar vinhos canadenses, certifique-se de que seja rotulado VQA. É a única maneira de você ter certeza de que foi produzido com 100% de uva canadense. Se não estiver rotulado VQA, pode conter, na verdade, suco importado e água.

813. Tenha cuidado com o vinho de Ontário não rotulado VQA da safra de 2005. Em 2005, esse vinho pode ter sido produzido com somente 1% de uvas cultivadas em Ontário, além de apresentar adição de água. O governo de Ontário desconsiderou igualmente as mudanças da lei para os rótulos das safras de 2003 e 1993, para compensar a colheita reduzida. Essa situação não é muito boa para os consumidores do Canadá, simplesmente porque esse vinho de qualidade inferior é vendido ao lado de outros vinhos canadenses, inclusive aqueles com certificação VQA, o que pode ser decepcionante.

814. Uma das melhores vinícolas do Canadá é a Burrowing Owl Estate Winery, que possui a certificação VQA. Seu vinho mais caro (chamado Meritage) é vendido por 40 dólares canadenses na vinícola; trata-se de um tinto com as variedades de uvas de Bordeaux. A safra de 2003 é deliciosa atualmente, mas será ainda melhor em cinco anos. Cerejas vermelhas doces, pimenta-do-reino branca, mirtilo, baunilha, chocolate cremoso, em um longo final de cerejas pretas. Taninos delicados provocam uma sensação de elegância na boca.

815. A St. Hubertus Estate Winery — situada no Okanogan Valley, na Colúmbia Britânica — produz alguns extraordinários vinhos brancos VQA, sendo que todos são produzidos com uvas com o mínimo de pesticidas, herbicidas e fungicidas — sempre com boas notas em meu livro.

816. O Riesling 2005 da St. Hubertus Estate é um vinho eloqüente que poderia ser facilmente confundido com uma preciosidade da Alsace. Ele inicia com um belo aroma de flores e limão cristalizado, mudando para sabores delicados de lírios, flores silvestres, limões frescos, sugestão de metal e um toque firme de mineral. Finaliza seco e prazeroso. Muito bem, Canadá.

817. O Chasselas 2005 do St. Hubertus Estate é um vinho canadense que seria um perfeito aperitivo para ser consumido ao ar livre. Seu suntuoso aroma de damascos é seguido de um expressivo paladar de pêssegos maduros e creme. Rico e concentrado, mas ainda refrescante e ácido. Bem equilibrado. Final longo e maravilhoso.

818. Alguns dos melhores vinhos tintos do Canadá são produzidos com a uva Baco Noir, que dá vinhos de cor intensa, com baixo nível de taninos e acidez vibrante. Os sabores geralmente sugerem frutas pretas silvestres e um toque de couro e especiarias. A Henry of Pelham Family Estate Winery produz algumas boas versões.

819. Os Icewines do Canadá são respeitados em todo o mundo, principalmente na Ásia. A colheita para os Icewines se inicia quando as temperaturas caem abaixo de 10° centígrados. Os produtores colhem e entregam as uvas congeladas para a vinícola para serem prensadas. Uma vez congeladas, a água no suco permanece sob a forma de cristais de gelo, e o suco altamente concentrado é extraído. Esse quase que espesso néctar é um delicioso vinho doce.

820. O Icewine canadense é melhor quando servido em taças com a boca larga. A alça impede que o vinho seja aquecido pelos dedos, enquanto está sendo bebido, e a taça amplia os aromas e intensifica os sabores.

821. Alguns dos melhores Icewines são elaborados com a intensa variedade Vidal, mas são melhores quando consumidos até cinco anos após a colheita. O Vidal Icewine 2003 da Jackson-Trigg tem uma maravilhosa expressão com aromas de pêras maduras e marzipã tostado, seguida de sabores frescos e vibrantes de damascos, citrus e amêndoas. Um vinho límpido e bem elaborado com concentração e final excelentes.

822. A vinícola de Inniskillin produz as versões com e sem carvalho do Vidal Icewine. O maturado em carvalho de 2003 é um exemplo de como o carvalho pode conferir desde um maravilhoso caráter de frutas secas tostadas até o aroma de fruta tropical. Ao paladar, frutas secas tostadas aparecem novamente, juntamente com sabores de *chutney* de manga. Bem equilibrado, concentrado, com final longo. Maravilhoso. O Inniskillin Vidal sem carvalho da mesma safra é muito bom. Ele inicia com um aroma de marzipã e laranja com um toque de casquinha de limão e depois caminha para um franco e vibrante ataque ao paladar com sabores de uma mistura de casquinhas de citrus e nuances de amêndoas. Muito bem elaborado, equilibrado, com final longo.

823. Icewines elaborados com a Riesling envelhecem melhor. Um líder é a safra 2003 de Henry Pelham, que inicia com aroma de torta de maçã amanteigada seguida de um sabor deliciosamente doce de maçã suculenta cozida, citrus e caramelo. Desenvolverá complexidade com o envelhecimento.

824. Os Icewines são elaborados com a Cabernet Franc, mas eu não os recomendo em lugar dos brancos, porque tendem a ser unidimensionais e lembram maçãs caramelizadas.

825. Os principais produtores do Icewine são os seguintes: Henry of Pelham Family Estate Winery, Inniskillin e Jackson-Triggs.

826. O Canadá também produz uma grande quantidade de vinhos produzidos com outras frutas além de uvas. Esses vinhos são raramente exportados, geralmente doces, mas podem ser secos ou meio secos, e para serem consumidos o mais cedo possível, porque não melhoram com o envelhecimento. A Blossom Winery, na Colúmbia Britânica, produz alguns muito bons. Seu vinho Eros Passion Fruit é meio seco, ácido e tem o sabor da fruta com a qual é elaborado.

827. Entre os produtores confiáveis de vinhos canadenses, podemos citar: Inniskillin, Cedarcreek Estate Winery, Jackson-Triggs e Henry of Pelham Family Estate Winery.

828. A maior vinícola certificada como orgânica do Canadá é a Summerhill Pyramid Winery, na Colúmbia Britânica; a Feast of Fields Vineyards é a única produtora biodinâmica certificada.

829. O Liquor Control Board of Ontário, que controla a venda de todo o vinho naquela província, é o maior comprador de bebidas alcoólicas do mundo.

830. Ontário teve uma série consecutiva de boas safras de 1997 a 2001. Os anos de 2001 e 2005 foram excepcionalmente muito bons na Colúmbia Britânica.

Capítulo 20

O Vinho Chileno

831. A Merlot é a uva que fez a fama dos vinhos chilenos. No clima quente do Chile, a Merlot produz vinhos de cor intensa, carregados com fruta madura e suave.

832. Talvez o segredo mais importante do Chile seja que os vinhos que ocupam o topo da lista custam uma fração do preço de vinhos de outras regiões, além de serem de excelente qualidade. Uma das razões para isso é que os custos da produção são relativamente baixos.

833. Um dos principais vinhos do Chile é o Seña, produzido pela associação de dois produtores — Mondavi (da Califórnia) e Errazuriz (do Chile). O 2003 é uma *assemblage* da Cabernet Sauvignon, da Merlot, da Carménère e da Cabernet Franc. Ele é um complexo elegante de frutas silvestres pretas, enfumaçado e anis. Deve melhorar em oito anos ou mais após o engarrafamento.

834. Os melhores vinhos do Chile tendem a vir das altas altitudes, onde a temperatura flutua significantemente do dia para a noite. Essa oscilação ajuda as uvas a desenvolverem uma ampla complexidade, bem como bons níveis de acidez, para equilibrar os sabores de fruta madura que ocorrem naturalmente nesse clima quente. Alto Maipo é uma dessas regiões; outra é o Alto Cachapoal.

835. Um excelente produtor no Alto Cachapoal, ainda por ser descoberto pelos apreciadores de vinhos, é a Altaïr Vineyards & Winery, uma associação entre o produtor chileno San Pedro e o francês Château Dassault. A Altaïr produz somente dois vinhos: o Altaïr e o Sideral.

836. O vinho *super-premium* chamado Altaïr, combinação da Cabernet Sauvignon, da Carmenère e da Merlot, é um brilhante e intenso vinho de cassis, cedro, grãos de expresso, ameixa suculenta e tabaco. O Sideral, vinho mais acessível do mesmo produtor, é um animal selvagem e ao mesmo tempo dócil em fruta, fumaça e especiaria, elaborado com uma *assemblage* de Cabernet Sauvignon, Merlot, Syrah e Sangiovese. Ambos são vinhos surpreendentes, presentes entre nós apenas a partir de 2002.

837. A família francesa Marnier Lapostolle fez uma parceria com a família Rabat do Chile para formar a Casa Lapostolle, uma vinícola no Chile que produz excelentes vinhos. Ela produz o Clos Apalta, um dos melhores vinhos proveniente daquela longa e estreita faixa de terra que é hoje um país. O Clos Alpata é um vinho potente, firme, com frutas expressivas e imensa profundidade. Produzido pela primeira vez em 1997, é elaborado em quantidades limitadas com uma combinação de Merlot, Carménère e Cabernet Sauvignon.

838. A Casa Lapostolle lançou um vinho *super-premium* em maio de 2006 chamado BOROBO. Seu primeiro lançamento é uma combinação das variedades de uvas Bordeaux, Rhône e Bourgogne, da colheita de 2002, e leva o nome dessas três famosas regiões da França (BO de Bordeaux, RO de Rhône, e BO de Bourgogne). O BOROBO 2002 é 35% Syrah, 20% Cabernet Sauvignon, 20% Carménère, 15% Pinot Noir e 10% Merlot, representando as uvas dessas famosas regiões da França.

839. Outros famosos produtores do Chile incluem Don Max e Viñedo Chadwick — ambos vinhos de Errazuriz. Eles são para o Chile o que os Premier Crus são para Bordeaux — a uma fração do preço.

840. A região de Maipo no Chile produz alguns dos melhores Cabernet Sauvignons do país. Ela é a palavra para se procurar nos rótulos quando procuramos por essa variedade de uva.

841. O Escudo Rojo é um excelente vinho da região de Maipo, no Chile, produzido pelo Baron Philippe de Rothschild SA, produtor estabelecido em Bordeaux. O Escudo Rojo é a *assemblage* da Cabernet Sauvignon e da Merlot para criar um vinho carregado na cor e intenso com aromas de violeta, maduro, ameixas suculentas, cerejas pretas, cedro, um discreto defumado, especiaria e baunilha. Sedoso na boca, envolve o paladar com chocolate e café.

842. Casablanca é uma região famosa por seus vinhos Sauvignon Blanc e Chardonnay. Procure por Casablanca no rótulo quando estiver comprando um vinho branco chileno que seja vibrante.

843. Carménère é a variedade de uva mais característica do Chile. As matrizes da Carménère foram trazidas de Bordeaux na final do século dezenove e durante anos os viticultores acreditaram que fosse a Merlot. A Carménère pode produzir um vinho rico, picante, com cor intensa e atraente. Casillero Del Diablo produz uma boa versão com sabor de ameixas, chocolate, café e carvalho tostado — imbatível por menos de 10 dólares.

844. A Syrah está se desenvolvendo no Chile com diferentes estilos, dependendo da região em que é cultivada. A Syrah das regiões de Rapel, Maipo e Aconcágua produz vinhos encorpados, ricos em suculentas frutas vermelhas maturadas ao máximo no calor do sol. Os vinhos Syrah de Elqui, Limarí e Casablanca, regiões mais frias do Chile, são elegantes, saborosos e expressões firmes da terra e da uva.

845. A vinícola Cousino Macul produz um Cabernet Sauvignon a um preço atraente pelo que oferece. A safra 2002 é bem equilibrada, com sabores de frutas vermelhas e secas.

846. Errazuriz, Cono Sur, Casa Lapostolle e Concha y Toro são quatro produtores confiáveis produzindo vinhos de qualidade consistente.

847. As primeiras vinhas foram plantadas no Chile em 1551 e o vinho produzido era usado para fins sacramentais pelos devotos colonizadores católicos da Espanha.

848. A viticultura orgânica é fácil de ser praticada no Chile graças ao seu clima e à sua geografia. Muitos vinhos são oficialmente orgânicos, atualmente, e alguns produtores estão se engajando na viticultura biodinâmica.

849. A vinícola Carmen produz vinhos orgânicos de excelente qualidade com o rótulo Nativa. Ela é a marca mais antiga do Chile, estabelecida em 1850.

850. A vinícola que produz o Seña está caminhando para a agicultura biodinâmica, em um futuro imediato, para capturar a melhor expressão do seu *terroir*.

851. As melhores safras recentes chilenas são as de 1999, 2000, 2003 e 2004.

Capítulo 21

O Vinho Argentino

852. A principal uva tinta da Argentina é a Malbec, a mesma variedade utilizada na produção dos notáveis tintos de Cahors, na França, e que tempera a *assemblage* dos Bordeaux tornando-os picantes e mais agressivos. Os Malbec da Argentina são mais maduros e suaves que seus similares franceses.

853. A região de Mendoza na Argentina é conhecida pela sua capacidade de criar esplêndidos vinhos Malbec. Procure por Malbec e Mendoza juntos no mesmo rótulo.

854. Embora a Argentina cultive e venda as variedades mais comuns, como a Chardonnay, a Sauvignon Blanc e a Chenin Blanc, vale a pena experimentar a nativa Torrontés. Ela é a mais importante varietal de uva branca do país e produz vinhos frescos e florais com nuances de pêssego.

855. Como muitos outros países do Novo Mundo, você encontrará a variedade da uva nos rótulos dos vinhos argentinos.

856. A Argentina produz vinhos semelhantes aos da Austrália, mas com menores preços. Ambos os países produzem vinhos frutados, encorpados, prontos para serem consumidos jovens.

857. O país ainda não se recuperou da crise econômica de 2001-2002 e por isso a Argentina está ansiosa para exportar seus vinhos. Esse fato, combinado com o baixo valor de sua moeda, significa que os vinhos da Argentina oferecem valores atraentes pelo baixo custo.

858. Áreas frias nas montanhas dos Andes produzem os mais elegantes e refinados vinhos, com uma complexidade considerável. Um desses vinhos ao estilo de Bordeaux é o Cheval des Andes. Esse vinho é produto de uma parceria entre Terrazas de los Andes, na Argentina, e Château Cheval-Blanc, de Bordeaux, na França. O Cheval des Andes é uma combinação de Cabernet Sauvignon, Malbec e Petit Verdot para criar intensos sabores de frutas vermelhas maceradas, aromas de caixa de charuto e chocolate amargo escuro. A primeira safra disponível na América do Norte foi a de 2001.

859. Um novo vinho da Argentina que vale a pena ser considerado é o A Crux produzido por O. Fournier. Trata-se de um tinto não filtrado e sua primeira safra de 2001 é principalmente Tempranillo. Um vinho rico, recheado com tabaco, pêssegos, nectarinas, ameixas pretas e cerejas. O 2002, que é principalmente Malbec, mostra frutas vermelhas escuras picantes, ervas secas e trufas negras, mas deve adquirir maior complexidade com o envelhecimento.

860. Os principais produtores da Argentina atualmente são: Alta Vista, Altos Los Hormigas, Ben Marco, Bodegas Salentein, Catena Zapata, Clos de los Siete, Norton e Finca la Celia.

861. A região de Mendoza foi privilegiada com uma série de boas safras de 2002 a 2005.

862. Boas safras recentes da Argentina incluem as de 1999, 2003 e 2004.

Capítulo 22

O Vinho Australiano

863. O vinho australiano é o brilho do sol em uma taça. Geralmente oferece um estilo de vinho supermaduro que no seu extremo é: ultracarregado de fruta, rico em extrato, potente em álcool, com cor escura e profundamente aromático — o que não é surpresa visto o clima. O vinho australiano é muito popular, principalmente no Reino Unido, nos Estados Unidos, na Nova Zelândia, no Canadá e na Alemanha — os cinco países que importam a maioria dos vinhos da Austrália.

864. Embora a Austrália ocupe um grande espaço entre os maiores países exportadores, ela é realmente o sétimo maior país produtor de vinhos por volume, depois de França, Itália, Espanha, Estados Unidos, Argentina e China.

865. O vinho australiano tornou-se um grande sucesso porque a maioria coloca o nome das uvas em seus rótulos, oferece grande quantidade de sabores de frutas e geralmente é bem acessível. Os críticos argumentam que o vinho não é delicado, desperta pouco entusiasmo e é supermaduro, mas a Austrália é mais do que isso quando você procura pelos seus melhores produtores.

866. O Wolf Blass Platinum Label Barossa Shiraz 2002 é um belo exemplo do que essa ilha pode fazer. Esse vinho combina camadas delicadas de frutas silvestres pretas, chocolate, aromas enfumaçados, além de taninos delicados e maduros e carvalho com toques picantes de baunilha que se integram maravilhosamente ao paladar. É produzido para durar.

867. O Wolf Blass Yellow Label Cabernet Sauvignon é um dos vinhos tintos campeão de vendas na América do Norte, o que não é realmente uma surpresa. Ele é consistentemente prazeroso, com taninos maduros, equilíbrio perfeito e grande quantidade de cassis, baunilha, especiaria e menta na taça, e um longo final após ser degustado.

868. Em 2005, o australiano [yellowtail] foi a principal marca de vinho vendida nos Estados Unidos. Os [yellowtail] têm uma gama de onze garrafas de vinhos rotuladas com diversas variedades de uvas que custam por volta de 6 dólares e cinco com uma única variedade reserva que custam por volta de 9 dólares. Alguns deles têm preços convincentes pela qualidade que oferecem — principalmente Merlot, Chardonnay, Cabernet-Merlot e Cabernet Sauvignon. Isso pode surpreender você, mas os vinhos não são realmente secos — o açúcar é disfarçado pela marcante presença de fruta e acidez equilibrada — outro caso em que os consumidores de vinhos acreditam que estão bebendo um vinho seco e que na realidade é doce.

869. O [yellowtail] Chardonnay 2005 inicia com um perfume de laranjas e limões amadurecidos ao sol, se prolonga com sabores picantes e vibrantes de frutas cítricas e depois finaliza com baunilha e coco.

870. O [yellowtail] Merlot 2005 é suave na boca, com pura cereja e baunilha.

871. O [yellowtail] Cabernet-Merlot 2004 tem camadas de cereja e baunilha com puro sabor de cassis e taninos delicados.

872. O [yellowtail] Cabernet Sauvignon 2005 é talvez a melhor compra de todos, com intenso sabor de licor de amoras pretas, couro e suficiente concentração e final prolongado para oferecer um bom retorno pelo preço.

873. A Yalumba é uma das mais antigas vinícolas familiares da Austrália e elabora uma gama de vinhos rotulados de Oxford Landing. Esses vinhos custam cerca de 6 dólares e são uma excelente expressão das variedades das uvas indicadas em cada garrafa. Presença de pura fruta, excelente equilíbrio, encorpado e sempre um prazer de se beber se você está procurando uma bebida despretensiosa de baixo custo.

874. Os vinhos da Yalumba Y Series estão um degrau acima na série dos Oxford Landing e oferecem brilhantes exemplos da pura expressão da fruta, cuja variedade é indicada no rótulo. O Viognier situado nessa mesma faixa é particularmente bom. Safra após safra, esse vinho mostra flores ricas em néctar, flores silvestres, citrus, especiaria e uma sensação acetinada e suave na boca.

875. A Gemtree produz um belo vinho *premium* chamado Uncut Shiraz do McLaren Vale. O 2002 é intenso e picante, escuro, concentrado em fruta com aromas de canela, cravo, gengibre e noz-moscada.

876. O Chardonnay Petaluma é um vinho que me atrai pela presença marcante de nectariana, amêndoas e um toque suave de baunilha. Ele é sobretudo uma delicada apresentação dessa uva.

877. Barossa Valley é talvez a melhor região da Austrália para a produção de Shiraz de primeira classe. O Penfolds Grange, principal vinho tinto *super-premium* da Austrália, tem originalmente como a fonte de suas uvas Shiraz o Barossa Valley.

878. O Penfolds Grange não é apenas o mais famoso vinho tinto da Austrália, mas o mais fino de todo o país. Sua primeira safra foi em 1951 e desde então tem o *status* de *cult wine* com um estilo de Shiraz com carvalho maduro, carregado de fruta e mostrando variação mínima para as diferentes safras. É vendido por cerca de 200 dólares a garrafa e necessita ser guardado por pelos menos dez anos antes de desenvolver todo o seu potencial. O pináculo de seus sabores é chocolate escuro, fava de baunilha, alcaçuz preto, especiaria, pimenta-do-reino preta, mistura de frutas silvestres, enfumaçado e tabaco.

879. Penfolds é um produtor confiável de grande variedade de vinhos. Seu Bin 28 Kalimna Shiraz é uma aquisição respeitável. Densos sabores de cerejas pretas, notas defumadas e um sabor delicado e suave na boca carregam esse vinho com imensa dose de prazer.

880. A extensa linha da Penfolds Koonunga Hill oferece boa qualidade pelo preço — um acompanhamento perfeito para um churrasco preparado em casa. O Koonunga Hill Shiraz Cabernet é um vinho barato, ainda que acolhedor, convidativo e com charme considerável. Fechado e bem equilibrado, exsuda aromas e sabores de cassis e ruibarbo, azeitona e chocolate, carne defumada e madeira, alcaçuz e especiaria — grande complexidade por menos de 10 dólares.

881. Muitos vinhos australianos relativamente baratos e com carvalho são produzidos com a adição de pedaços ou saquinhos contendo lascas da madeira aos vinhos fermentados em contêineres de aço inox, como uma alternativa barata ao envelhecimento em barricas de carvalho. Esse procedimento mantém os preços mais baixos por garrafa, uma vez que as barricas de carvalho são caras, mas pode produzir um estilo em que os sabores da madeira são menos integrados.

882. Amberley, um produtor em Margaret River, elabora vinhos tintos bem elegantes. O Cabernet-Merlot 2003 mostra partes iguais de frutas vermelhas maduras e saborosas e aromas e sabores de caça. Produto interessante.

883. A Austrália não é conhecida pelo seu Pinot Noir, mas a Nepenthe Wines produz uma versão que os amantes dessa variedade deveriam considerar provar. O Charleston Pinot Noir 2003 da Nepenthe é todo ervas secas, cerejas pretas, curral, terra molhada e mantém um longo e persistente final.

884. A Austrália produz um grande número de vinhos de sobremesa e um dos melhores é o Old Tawny da Angove Anchorage elaborado no estilo do Porto Tawny. A intensidade do sabor e a complexidade são marcantes e, degustado às cegas, poderia ser confundido com um Porto Tawny de alta qualidade. Tem sabor de fruta desidratada, mel, caramelo e do melhor bolo de frutas que você já provou.

885. Alguns dos principais produtores da Austrália são: Brokenwood, Brown Brothers, Cullen Wines, Gemtree, Hardy's, Henschke, Penfolds, Petaluma, Peter Lehmann, Turkey Flat, Tyrrell's, Wirra Wirra Vineyards, Wolf Blass, Mitchelton Wines, Wynn's Coonawarra Estate e Yalumba.

886. Dois produtores de vinhos orgânicos finos na Austrália são a Jasper Hill Winery e a Cullen Wines.

887. Um notável produtor biodinâmico na Austrália é a Castagna Vineyard.

888. As melhores safras recentes na Austrália incluem 2001, 2003 e 2004.

Capítulo 23

O Vinho Neozelandês

889. Marlborough produz um estilo único de Sauvignon Blanc que é muito maduro, muito vibrante e tem sabor de cereja dourada — *physalis.* O Sauvignon Blanc de Marlborough pegou o mundo de surpresa em 1980 e colocou a Nova Zelândia no famoso mapa de produtores de vinho.

890. O Cloudy Bay é o mais popular Sauvignon Blanc de Marlborough. Foi o primeiro a ser seriamente exportado em meados dos anos de 1980 e rapidamente acumulou entusiásticas avaliações dos críticos. Ele agora desfruta o *status* de *cult wine* e é uma versão extrema dessa uva. Atualmente é propriedade do grupo LVMH, conglomerado de marcas de luxo.

891. A partir do Cloudy Bay, dúzias de produtores de Marlborough começaram a exportar seus Sauvignon Blanc e todos têm sabor muito semelhante, exceto quando são degustados lado a lado. O segredo é: se você gosta do Cloudy Bay, pode obter um vinho comparável por menos, procurando por vinhos Sauvignon Blanc de produtores menos conhecidos de Marlborough. Eu particularmente gosto de um produzido por Villa Maria.

892. A vinícola Sacred Hill faz coisas maravilhosas com a Sauvignon Blanc com o rótulo Sauvage. Fermentação em barrica mais doze meses maturando em carvalho confere a esse vinho um sabor tostado e de frutas secas sob uma camada discreta de cerejas douradas (*physalis*) laranja, abacaxi e limão Taiti. Há sabores de caramelo morno no final. Vinho vencedor. Produtor confiável.

893. Embora os Pinot Noir da Nova Zelândia sejam vistos como a próxima grande variedade de uva a sair desse país, compre-os com cautela. A qualidade ainda não é regular.

894. Se você está esperando para ver o que a Nova Zelândia pode fazer com a Pinot Noir, compre uma garrafa do Mount Riley safra de 2004. Esse vinho é bem Bourgogne em estilo, com discretos aromas de suco de carne caramelizado e framboesa, conduzindo para ameixa, especiaria e framboesa madura na boca.

895. A vinícola Felton Road produz um Pinot Noir muito bom; o de 2004 é uma excitante mistura ardente de frutas vermelhas, especiarias pungentes, ameixa e cereja madura.

896. Se você tiver de escolher entre o Pinot Noir do Oregon e da Nova Zelândia — os dois líderes dessa variedade no momento —, escolha o do Oregon.

897. Villa Maria, Mud House Wines, Sacred Hill e Trinity Hill são produtores confiáveis da Nova Zelândia.

898. A Nova Zelândia está produzindo alguns vinhos doces muito interessantes. Um dos meus favoritos é o Riesling Winemaker's Collection Late Harvest 2001, produzido pela Seifried. Uma suntuosa mistura de baunilha, cerejas, limão, mel e compota.

899. Milton Winery é um produtor biodinâmico.

900. As melhores safras recentes incluem as de 2000, 2001 e 2003.

Capítulo 24

O Vinho Sul-Africano

901. A primeira vinha da África do Sul foi plantada em 1655 na Cidade do Cabo; em 1659, o primeiro vinho foi elaborado — um modesto 15 litros das uvas Muscadel. Em 2005, a África do Sul produziu 593 milhões de litros de vinho.

902. A Fairview Estate é um dos meus produtores de vinho favoritos da África do Sul, oferecendo qualidade consistente em toda a sua extensão. O Goats do Roam Red da Fairview Estate — um nome que soa como Côtes du Rhône — poderia facilmente ser vendido pelo dobro do preço. É suculento, um vinho maduro em corpo e substância, frutas vermelhas e especiarias. A Fairview Estates é ao mesmo tempo um produtor de queijo de cabra e uma vinícola.

903. Se você encontrar um vinho chamado Oom Pagel da Fairview Estate, agarre-o. Trata-se de um vinho branco produzido com a uva Sémillon com sabor de citrus, creme e amêndoas, redondo e encorpado na boca e com um prolongado final. Maravilhoso, um tipo carnudo de vinho com o qual você gostaria de se enroscar após um dia de trabalho duro.

904. A Pinotage é a principal uva da África do Sul e apresenta sabor característico de alcaçuz preto. Foi criada em 1925, quando a uva Pinot Noir sofreu, com sucesso, uma polinização cruzada com a Cinsault.

905. Embora a Pinotage tenha sido por longo tempo reconhecida como a mais característica uva da África do Sul, o país está produzindo excelentes vinhos com a Merlot, a Cabernet Sauvignon, a Grenache e especialmente com a Shiraz/Syrah.

906. Kumala produz um bom Cabernet Sauvignon que custa menos de 10 dólares. O 2004 é recheado de amoras, cassis, pimenta e discretos rolos de fumaça morna. Muito bem equilibrado e vale cada dólar gasto.

907. O produtor garagista Tom Lubbe cria quantidades muito pequenas de um Syrah muito aplaudido chamado The Observatory. Ele usa uvas de sua própria fazenda na região montanhosa de Paardeberg, ao noroeste da Cidade do Cabo. Depois ele elabora o vinho em um pequeno galpão.

908. Tradicionalmente, a Chenin Blanc é a melhor uva branca da África do Sul e pode envelhecer bem. A Morgenhof produz um excelente vinho proveniente de vinhas de mais de tinta anos. O 2004 é esplêndido mostrando flores e rochas, limão, ervas, especiarias e manteiga com um bom final. Esse Chenin Blanc se desenvolverá muito bem na garrafa até 2008 ou mais.

909. O país está produzindo alguns excelentes Sauvignon Blanc, Chardonnay e Sémillon. De fato, a África do Sul produz um dos mais excitantes Sauvignon Blanc nos dias de hoje. Procure pelos da Neil Ellis e da Jordan Winery.

910. O Neil Ellis Sauvignon Blanc 2005 é um vinho claro amanteigado com puros aromas de aspargo subindo da taça. Ele conduz a um paladar de aspargos, limão e cereja dourada. Uma aquisição confiável e deliciosa com camarões grelhados.

911. A Jordan Winery é conhecida como Jardin Winery nos Estados Unidos, para evitar um conflito com a vinícola da Califórnia do mesmo nome. O Sauvignon Blanc Jordan/Jardin 2004 é um vinho expressivo, complexo de ervas, pêra defumada, grama, aspargos, limão e pedras molhadas.

912. O Kuwala Chardonnay 2004 do Western Cape of South Africa demonstra a habilidade que a África do Sul tem de produzir vinhos muito bons abaixo de 10 dólares. Esse vinho é uma jóia polida, com clara definição de frutas — aromas, sabores de laranjas e damasco — e uma elegância raramente encontrada nos vinhos do Novo Mundo por esse preço.

913. O Neil Ellis Chardonnay 2003 é um vinho branco de alto calibre ao estilo da Bourgogne. Imagine melão, rochas frias e nuances de torradas amanteigadas e carvalho.

914. "Méthode Cap Classique" é o nome, na África do Sul, para a elaboração de vinho espumante. Envolve uma segunda fermentação na garrafa.

915. A vinícola Graham Beck produz um bom vinho espumante simplesmente chamado Graham Beck Brut Rosé. É produzido com as mesmas uvas do Champagne — Pinot Noit e Chardonnay —, mas tem um estilo mais frutado, com aromas e sabores brilhantes de frutas vermelhas. Muito menos fechado que o Champagne.

916. Os vinhos da África do Sul que indicam a safra têm de ser produzidos com pelo menos 75% das uvas colhidas naquele ano; os que indicam a variedade da uva devem conter pelo menos 85% daquele tipo de fruta.

917. Jordan Vineyards, Springfield Estate e Boekenhoutskloof são excelentes produtores de vinhos na África do Sul.

918. A Rozendal Farm pratica viticultura orgânica e as vinhas estão em transição para métodos biodinâmicos.

919. Reyneke Wines é um produtor biodinâmico.

920. Todas as safras de 2001 a 2004 têm sido muito boas na África do Sul.

Capítulo 25

O Vinho das Outras Regiões do Mundo

921. O Château Indage e a Grover Vineyards produzem os melhores vinhos procedentes da Índia atualmente.

922. A China e o Japão produzem vinhos, mas nada especial para ser comunicado — ainda. Ironicamente, a China produziu o primeiro vinho do mundo há cerca de nove mil anos, o qual foi elaborado com arroz.

923. A Inglaterra e o País de Gales iniciaram a produção de alguns bons vinhos brancos secos, principalmente aqueles elaborados com as uvas resistentes Müller-Thurgau e Sevyal Blanc, que podem suportar climas frios e ausência de luz solar. Esses vinhos tendem a ser vibrantes e refrescantes. Uma boa opção para os dias de verão.

924. O Brasil e o Uruguai são dois países da América do Sul, além do Chile e da Argentina, que produzem vinhos promissores.

925. Geralmente, as vinícolas comerciais são somente viáveis entre as duas linhas de latitude — 30° e 50° graus ao norte e 30° e 50° graus ao sul do equador. Fora dessas duas amplas faixas, é difícil produzir vinhos de boa qualidade. Por essa razão, nem todos os países produzem vinhos.

926. O aquecimento global está lentamente mudando o clima de cada país. Com o decorrer do tempo, mais regiões estarão aptas a produzir vinhos; lugares que são muito frios para produzir qualquer coisa com exceção de vinhos brancos e espumantes poderão cultivar uvas tintas também, e o típico sabor dos vinhos tintos poderá mudar.

Parte 4

Revelando Segredos

Uma das melhores coisas de se trabalhar com vinhos é a quantidade de pequenas informações úteis que você adquire e que aumentam a apreciação e o conhecimento da bebida. Esta parte do livro reúne pequenas dicas: mitos sobre vinho que provavelmente já ouvimos uma centena de vezes, mas que não são verdadeiros; maneiras corretas e incorretas de armazenar suas preciosidades; dicas para dar um vinho de presente, para que esse ato simples seja muito mais interessante do que apenas entregar uma garrafa a alguém; quais são as fontes mais confiáveis quando você quiser saber mais. Para completar seu pequeno pacote de 1000 segredos, incluí um glossário dos termos mais práticos sobre o vinho. Mas primeiro vamos aos mitos...

Capítulo 26

Os Mitos do Vinho

927. *Mito*: você deve abrir uma garrafa de vinho para deixá-lo respirar um pouco antes de servir. *Verdade*: abrir uma garrafa de vinho apenas expõe a superfície do líquido do gargalo da garrafa, e por isso a quantidade de aeração será mínima. Não surtirá efeito no vinho. Em vez disso, decante-o para areá-lo.

928. *Mito*: quanto menores as bolhas, melhor é o espumante. *Verdade*: o tamanho das bolhas não tem qualquer relação com a qualidade do Champagne ou de qualquer outro vinho espumante. Recentemente, muitas pesquisas têm sido realizadas sobre o assunto, principalmente por Gérard Liger-Belair, professor-associado de ciências físicas da Universidade de Reims Champagne-Ardenne, no coração da região de Champagne. Conclui-se que a temperatura do vinho e o tamanho das impurezas e defeitos no interior das taças afetam o tamanho das bolhas. Quanto mais quente o Champagne, maiores e mais freqüentes são as bolhas. Além disso, sem defeitos ou impurezas nas taças, como as microscópicas linhas formadas pelo pano de prato, o Champagne tem a aparência de um vinho não espumante em que só percebemos as bolhas ao beber.

929. *Mito*: beba vinhos tintos com queijo e carne e vinhos brancos com peixes e aves. *Verdade*: há muitas exceções para essa regra antiquada. Vinhos brancos encorpados e também os doces podem ser deliciosos com queijos. Os vinhos tintos da uva Pinot Noir podem ser excelentes com peru. Um tinto leve como um Beaujolais ou um outro bem elaborado Gamay vão muito bem com frango.

930. *Mito*: Gewürztraminer e cozinha asiática são uma combinação perfeita. *Verdade*: esse vinho aromático e encorpado sobrepujaria qualquer um dos moderados pratos fundamentais da cozinha asiática como o *dim sum*, o tempura ou o sashimi. Além do mais, o Gewürztraminer apresenta uma notória ausência de acidez, que é o agente presente no vinho necessário para refrescar o paladar para os outros itens principais da cozinha da Ásia — tempura frito, pato gorduroso ou um atum gorduroso conhecido como toro.

931. *Mito*: as cartas de vinhos indicam os bons vinhos e os ruins. *Verdade*: safras completamente boas ou ruins não existem. As regiões de vinhos normalmente apresentadas nas cartas de vinhos são imensas áreas geográficas em que as condições climáticas variam; assim, alguns produtores contam com boas condições climáticas nos chamados anos de safras ruins. Além disso, uma safra aclamada como sendo de alta qualidade não é garantia, porque o cultivo das uvas e as práticas de vinificação influenciam a qualidade do vinho tanto quanto as condições climáticas o fazem. Utilize as tabelas de safras apenas como um guia geral, se é que ela seja necessária.

932. *Mito*: se é popular deve ser bom. *Verdade*: não é porque vende bem que é delicioso. Um bom exemplo é o Pinot Grigio. Em 2003, o Pinot Grigio foi o mais vendido vinho branco importado nos Estados Unidos, de acordo com a publicação de negócios *Impact Databank*. Entretanto, na melhor das hipóteses, ele é sem graça e insosso. O Pinot Grigo tem um leve sabor cítrico. É um vinho leve e neutro. Talvez o paladar dos norte-americanos tenha ficado tão cansado dos grandes Chardonnay encorpados e ricos em carvalho, que o Pinot Grigio refrescou os paladares com seu estilo leve e simples. Para similares vibrantes e de estilo simples, procure pelos Chablis ou Muscadet (da França), Müller-hurgau (da Áustria, da Inglaterra ou do Canadá) ou Sylvaner (da Alemanha) — todos oferecem um pouco mais de sabor e todo o frescor.

933. *Mito*: decantam-se somente vinhos tintos. *Verdade*: muitos vinhos brancos de distinção, como o Sauternes ou os Bourgogne brancos das melhores propriedades, também se beneficiam da decantação porque a aeração libera seus aromas e sabores.

934. *Mito*: O Champagne não envelhece bem. *Verdade*: O Champagne de boa qualidade envelhece extremamente bem. Um dos vinhos que degustei e que mais me encantou foi uma Cristal 1970, cortesia do Champagne Louis Roederer. Inesquecível! Degustado quando tinha trinta anos, em Londres, o vinho foi um charmoso beijo de brioche e maçãs cozidas, acidez delicada e um longo e vibrante final. Sublime!

935. *Mito*: vinhos de diferentes misturas são de qualidade inferior. *Verdade*: embora em algumas ocasiões o vinho de uma só variedade de uva possa ser muito bom, ao se misturar duas ou mais variedade de uvas pode-se estabelecer melhor equilíbrio, complexidade e harmonia. De fato, as leis que regulamentam a produção de vinhos em muitos lugares permitem que os vinhos rotulados com um só nome sejam adicionados com outros tipos de uva para permitir aos produtores que estabeleçam melhor equilíbrio.

936. *Mito*: O Velho Mundo produz melhores vinhos que o Novo Mundo. *Verdade*: tanto o Velho como o Novo Mundo produzem vinhos bons e ruins e, embora produzam tradicionalmente diferentes tipos de vinhos, uma correspondência está começando a se estabelecer entre eles. Comprar os melhores vinhos, escolher os estilos que lhe agradam e os produtores confiáveis e preocupados com a qualidade têm a ver com o seu gosto pessoal.

937. *Mito*: uvas tintas sempre produzem vinhos tintos, e uvas brancas sempre produzem vinhos brancos. *Verdade*: embora geralmente esse seja o caso, uvas tintas podem produzir vinhos brancos. É o caso do Champagne. As três uvas usadas nesse vinho espumante incluem a Chardonnay, que é branca, claro, além da Pinot Noir e a Pinot Meunier — duas uvas tintas. Prensagem delicada impede as uvas tintas de conferir a sua cor ao vinho.

938. *Mito*: os vinhos velhos têm melhor sabor que os vinhos novos. *Verdade*: isso é raramente verdadeiro porque a grande maioria dos vinhos liberados pelas vinícolas hoje em dia já sai pronta e já atingiu o auge para consumo. Eles são mais velhos, mas não melhores, porque não foram elaborados para sustentar o peso da idade. Os vinhos elaborados para serem envelhecidos são os únicos que realmente melhoram com a idade. O Capítulo 4 revela segredos para saber quando beber um vinho.

Capítulo 27

Armazenando o Vinho

939. Uma temperatura estável entre 4.5° e 15° centígrados é a ideal para armazenar vinho e ela não deve flutuar mais do que 12°. Por quê? Porque um aumento da temperatura causa a expansão das bolhas de ar entre a rolha e o vinho, forçando-o para fora, entre a rolha e a garrafa. Depois, com a queda da temperatura, cria-se um vácuo forçando a entrada do oxigênio pela rolha. Como sabemos, o oxigênio é o grande inimigo do vinho. Por essa razão, tenha cuidado ao transportar boas garrafas de vinho quando está muito frio ou muito quente do lado de fora.

940. Apesar do item acima, os bons vinhos podem geralmente suportar diferentes variações de temperatura. As adegas de Bordeaux, na França, por exemplo, oscilam em alguns graus sua temperatura, o que não afeta os vinhos. A razão é, provavelmente, a mudança gradual da temperatura.

941. Você também deve escolher um ambiente com certo nível de umidade caso pretenda armazenar o vinho por determinado período de tempo. Um nível de umidade acima de 50% assegura que a rolha não resseque e encolha, o que facilita a entrada e a saída do oxigênio.

942. Para ter certeza de que suas melhores garrafas permaneçam em boa forma, você pode investir em um gabinete com controle de temperatura e umidade — a Eurocave é atualmente o principal produtor. Outra opção é comprar uma unidade de refrigeração e umidificação para climatizar sua adega.

943. Se você escolheu confiar nas condições de uma pequena área em sua casa para envelhecer suas melhores garrafas, invista em um termômetro digital com higrômetro. Esse instrumento custa por volta de 50 dólares em lojas especializadas e marca a umidade e a temperatura do local, incluindo a mínima e a máxima. Colocar uma bacia com água no local pode melhorar um pouco os níveis de umidade.

944. Se uma garrafa de vinho é fechada com tampa de rosca ou de plástico, isso geralmente significa que ele não foi produzido para ser envelhecido, por isso beba o quanto antes.

945. Enquanto um vinho amadurece na garrafa, ocorrem reações químicas que o modificam. A duração do tempo que ele foi guardado muda o equilíbrio da fruta, do álcool, dos taninos e do nível de acidez; aumenta a complexidade dos aromas e sabores; e por fim ele se torna desagradável para consumo. Um aumento na temperatura acelera essas reações químicas; assim, se for armazenado em um local mais quente, amadurecerá mais rapidamente. Isso significa que você não deverá guardar as garrafas que deseja manter frescas — como aquele branco delicado do Loire ou o Beaujolais Nouveau — em locais quentes, como em um armário acima do fogão. Por outro lado, se sua adega é muito fria, seus vinhos que merecem ser guardados terão duração maior do que você imaginaria.

946. Guarde as garrafas de vinho deitadas, de preferência com o gargalo ligeiramente para cima. Essa posição mantém a rolha molhada, e a bolha de ar entre a rolha e o ombro da garrafa, e o sedimento ficará coletado na base da garrafa.

947. Você já se perguntou por que as garrafas de Champagne vêm envoltas em um papel celofane grosso? Isso acontece porque o envoltório é à prova de luz. A luz pode modificar o sabor dos vinhos, principalmente os espumantes. A exposição à luz durante tempo prolongado pode produzir um sabor de papelão molhado — uma condição conhecida como "raio de luz". Esse é o motivo pelo qual os vinhos devem ser guardados ao abrigo da luz e muitos são vendidos em garrafas escuras. Essa também é uma das razões pelas quais devemos evitar comprar vinhos que parecem estar expostos a uma luz forte na janela de comerciantes por longo tempo.

948. Guardar o vinho longe de vibrações é uma boa idéia para evitar interferência no intrincado processo químico que ocorre durante o envelhecimento. Se um bom vinho foi submetido a vibrações, deixe-o descansar por algumas semanas antes de servir.

949. Tenha o cuidado de guardar o vinho longe de odores fortes, tais como material de pintura e detergentes de uso doméstico. O vinho pode absorver esses cheiros.

950. A exposição ao ar muda os sabores de um vinho pela sua oxidação. Se você abrir uma garrafa de vinho para servir somente uma ou duas taças, um bom método de preservar o restante é transferi-lo para uma meia-garrafa limpa para diminuir sua exposição ao ar. Uma garrafa de vinho poderá durar alguns dias a mais dessa maneira, mas gradualmente perderá sua *finesse*.

951. Se você contratar uma empresa especializada no armazenamento de vinhos para cuidar de suas garrafas, certifique-se de que a organização tenha licença e boa reputação.

Capítulo 28

O Vinho Como um Presente

952. Se você decide levar um vinho para um jantar como presente para anfitriões, não suponha que ele será servido com a refeição. Isso porque provavelmente eles já escolheram um vinho para aquela ocasião.

953. Se você vai levar um vinho para uma festa e está ansioso para experimentá-lo, diga ao dono da casa que está a fim de degustá-lo. Ou então traga já decantado.

954. Na Inglaterra, para celebrar o nascimento de um bebê, algumas vezes são oferecidos vinhos como presente. A idéia é dar ao bebê um vinho cuja safra seja a do ano do seu nascimento e que melhore com o tempo de guarda. Os Bordeaux de alta qualidade são adequados para essa finalidade, pois são elaborados para durar. Em bons anos, essas garrafas continuarão a melhorar e se mantêm por cinqüenta anos ou mais, o que significa que o dono do presente poderá degustá-lo em diferentes ocasiões ao longo da vida.

955. Um excelente presente para os donos da casa é uma pequena garrafa de um bom Champagne. Poucas pessoas se dão esse tipo de presente e é sempre um prazer recebê-lo.

956. Um vinho como presente não tem necessariamente de vir na garrafa. Um vale-presente para um jantar de produtor é uma atraente maneira de ser apresentado a novos vinhos, e esses eventos acontecem com mais freqüência do que se imagina. Uma boa fonte para esses tipos de evento em todo o mundo pode ser encontrada no site www.localwineevents.com.

957. Certas garrafas de espumantes são sempre um presente excelente devido à sua óbvia qualidade — Champagne de Louis Roederer, Krug ou Bollinger me vem à mente —, mas eles tendem a ser muito caros.

958. Se na sua lista de Natal tem algum entusiasta do vinho, arrume para ele um convite de uma confraria de vinhos, como The Wine Society ou The Opimian Society, ou providencie uma assinatura de uma revista especializada como a *Decanter*.

Capítulo 29

Aprendendo Mais Sobre o Vinho

959. O livro *The Oxford Companion to Wine,* de Jancis Robinson, é considerado a "Bíblia" para informações sobre vinhos. Jancis é uma Master of Wine e considerada uma proeminente autoridade em todas as coisas relacionadas ao vinho. Ela escreve regularmente para o jornal *Financial Times* de Londres.

960. Alguns dos melhores cursos de vinho no mundo são oferecidos pela The Wine & Spirit Education Trust e estão disponíveis em vinte e oito países e em oito línguas.

961. Para se manter informado sobre as melhores compras e os melhores produtores, assine a revista *Decanter* que, para mim, é a melhor revista sobre vinhos no mercado. Para informações de última hora, visite o site www.decanter.com.

962. Iniciar uma confraria com amigos é a melhor maneira de experimentar vinhos acessíveis e aprender sobre os diferentes estilos. Arrecade fundos, compre alguns vinhos e troque idéias de bons vinhos. Depois tire par ou ímpar para ver quem leva o que sobrou para casa.

963. Associar-se a uma confraria é uma maneira de se entrosar com outros entusiastas do vinho, aprender mais a respeito do assunto e participar de degustações. As maiores confrarias incluem: Opimian Society (no Canadá), The Wine Society (no Reino Unido) e The American Wine Society (nos Estados Unidos).

964. Muitas das grandes regiões produtoras de vinhos têm roteiros para serem seguidos que o levarão de adega em adega. Não posso pensar em uma melhor maneira de aprender sobre vinhos.

965. A coluna sobre vinho de Tim Atkins no jornal londrino *The Observer* é uma das melhores. Ele não apenas conhece vinhos devido a anos de experiência como também é um especialista com o título de Master of Wine, mas seus artigos são divertidos, acessíveis e francos. Sempre um prazer de leitura.

966. Não leia somente a respeito dele, beba-o.

967. Tenha um diário de vinhos e anote suas impressões sobre todos os que você degustar — mesmo que seja apenas algumas palavras. Acompanhe os que o impressionaram.

968. Dos escritores de vinhos, Andrew Jefford está entre os mais eloqüentes. Jefford escreve regularmente uma coluna para a revista *Decanter* recheada de prosa poética e veia filosófica. Ele também tem escrito uma série de livros, incluindo *The New France*, que recebeu dois prêmios literários até agora.

969. O *Gambero Rosso* é o principal guia mundial para os vinhos italianos e está disponível em inglês e em italiano.

970. Publicado anualmente, o principal guia de vinhos franceses é o *Classement des Meilleurs Vins de France*.

971. O crítico de vinhos mais influente nos Estados Unidos é Robert Parker. Ele edita uma *newsletter* bimestral chamada *The Wine Advocate* para mais de 45.000 assinantes em trinta e oito países e escreveu vários livros. O paladar de Robert Parker parece favorecer os vinhos concentrados e predominantes em fruta. Esse estilo tende também a ser favorecido por grande parte do mercado americano, o que provavelmente contribui para seu sucesso.

972. Hugh Johnson é talvez o mais influente crítico de vinho no Reino Unido. Seu *Pocket Wine Guide* por si só já vendeu mais de sete milhões de cópias, com impressão em doze línguas. Ele também tem uma coluna regular na revista *Decanter*. Seu gosto pelo vinho é provavelmente oposto ao de Robert Parker. Ele prefere elegância e discrição em vez de estilos potentes e carregados de fruta — preferência que efetivamente reflete o gosto coletivo britânico.

973. Comprar vinhos de um comerciante que conhece o mercado é a melhor maneira de aprender mais sobre vinho. Aqui estão alguns segredos a respeito de comerciantes de vinhos finos:

- Se você vai viajar para Londres, considere fazer uma visita a um comerciante de vinhos independente chamado Lea & Sandeman. Charles Lea é um especialista na região da Bourgogne e Patrick Sandeman é uma autoridade na Itália. Cada um tem uma excelente visão dessas regiões fragmentadas e confusas. Os dois cavalheiros trabalham em Chelsea, na 170 Fulham Road.
- O Zachys, comerciante de vinhos finos nos Estados Unidos (de Scardale, Nova York), oferece uma seleção enorme de vinhos, em especial de Bordeaux, da Borgogne, da Itália e da Espanha. Eles também têm uma loja virtual. Acesse: www.zachys.com.
- A Best Cellars é uma cadeia de comerciantes de vinhos nos Estados Unidos que categoriza seus estoques por sabor — frisante, suave, delicioso, suculento, macio etc. A maioria dos vinhos custa menos de 15 dólares. Confira em www.bestcellars.com.
- Se você mora em Ontário, Canadá, onde a venda de bebidas alcoólicas é controlada pelo governo, você ainda tem a opção de comprar vinho de um profissional. O LCBO (The Liquor Control Board of Ontário) licencia agências para vender diretamente para os consumidores e para restaurantes. Talvez você tenha de esperar alguns meses para receber o vinho e é necessário adquiri-lo em caixa fechada, mas as chances de comprar um bom vinho quando comprando

através de um agente estão a seu favor, porque eles podem oferecer boa orientação. Procure pela Ontario Imported Wine-Spirit-Beer Association (www.oiwsba.com) para obter uma lista dos agentes licenciados.

- A Ne Plus Ultra Agencies de Toronto oferece uma boa seleção de vinhos de Portugal e da Espanha. Trata-se de um pequeno negócio dirigido por uma dupla de profissionais na Península Ibérica. Eles não têm um website, mas seu telefone é 416-964-8180. Duas outras agências de nome no Canadá são a Lifford Wine Agency — www.liffordwineagency.com — e a Churchill Cellars Ltd. — www.churchillcellars.com.

Capítulo 30

Falando a Língua do Vinho: Terminologia

974. *Antocianina.* Pigmentos que estão logo abaixo das cascas da uva e que dão cor ao vinho. Estudos recentes têm mostrado que as antocianinas, juntamente com outras substâncias presentes naturalmente no vinho tinto, são muito saudáveis e podem prevenir algumas doenças.

975. *Ataque.* Um termo de degustação que se refere ao sabor inicial do vinho quando ele atinge o paladar.

976. *Tosta da barrica.* O processo de tostar a madeira no interior de uma barrica de carvalho, que será usada para fermentar e maturar o vinho. Essa tosta é efetuada segundo as especificações do produtor e o grau de tostadura afeta o sabor e a estrutura do vinho. O carvalho levemente tostado transfere tanino da madeira para o vinho, mas pouca cor e pouco sabor. O carvalho intensamente tostado adiciona menos tanino, mais cor e sabor mais acentuado de especiarias, fumaça e muitas vezes café torrado.

977. *Viticultura biodinâmica.* Método de cultivo das uvas que é um ramo da agricultura biodinâmica fundada pelo místico austríaco Rudolf Steiner em 1920. A agricultura biodinâmica, como os métodos orgânicos, rejeita o uso de pesticidas para minimizar os danos ao ecossistema. Entretanto, enquanto os agricultores orgânicos adicionam quantidades de esterco no solo, os biodinâmicos adicionam apenas uma colher de chá ou equivalente, acreditando que é o suficiente para reforçar as forças naturais que são baixadas do cosmos. O biodinamismo é firmemente enraizado na fé.

978. *Colar.* O anel de bolhas que se forma nas bordas de um vinho espumante.

979. *Crémant.* Vinho espumante de outras áreas da França que não seja de Champagne. Esse vinho é transformado em espumante pelo método tradicional de realizar uma segunda fermentação na garrafa.

980. *Insosso.* Termo usado em degustação que significa que o vinho é apagado devido à falta de acidez, relativa à intensidade da fruta.

981. *Garagista.* Originalmente um termo francês para o produtor de vinho que produz pequenas quantidades nas suas garagens em Bordeaux. Jean-Luc Thunevin foi o primeiro garagista em St. Emilion, Bordeaux, pegando o mundo de surpresa ao produzir vinhos fantásticos sob o rótulo Valandraud. A primeira safra foi em 1991 e em 1996 os preços alcançaram valores mais altos do que os principais vinhos Premier Grand Cru Classé dessa região. O mercado para esses vinhos deflacionou, mas Thunevin estava tentando conseguir que seus vinhos fossem reconhecidos formalmente em 2006, quando St. Emilion reclassificaria seus vinhos — um evento que acontece a cada dez anos. Hoje, muitos pequenos produtores em todo o mundo comercializam seus produtos como garagistas.

982. *Colheita verde*. Quando um viticultor remove cachos de uvas verdes das vinhas durante o período de crescimento, para reduzir a produção e melhorar a qualidade dos cachos remanescentes.

983. *La lutte raisonnée*. Método de viticultura adotado por um crescente número de produtores franceses que mantém o uso artificial de fertilizantes, pesticidas, herbicidas, inseticidas e fungicidas a um nível mínimo.

984. *Leve*. Vinho com corpo de leve para médio e alto nível de acidez.

985. *Fermentação maloláctica*: Processo utilizado na produção de vinhos em que o ácido málico é transformado em ácido láctico, bem mais fraco, permitindo melhor equilíbrio do vinho. O ácido málico dá a característica acidez às maçãs quando verdes, sendo que o ácido láctico, muito mais suave, é encontrado no leite. Vinhos submetidos à fermentação maloláctica são menos ácidos e com freqüência mostram aroma de manteiga.

986. *Master of Wine (MW).* Certificação internacionalmente reconhecida pela indústria do vinho como sendo a maior que se pode adquirir e muito difícil de conquistar. Em 2006, havia somente 251 Master of Wines no mundo.

987. *Meritage.* Vinho elaborado nos Estados Unidos ou no Canadá exclusivamente com as variedades de uvas de Bordeaux — Cabernet Sauvignon, Cabernet Franc, Merlot, Malbec e Petit Verdot para os tintos e Sémillon, Sauvignon Blanc e Muscadelle para os brancos. Um vinho chamado Meritage deve ser produzido em pequenas quantidades (não excedendo 25.000 caixas) e deve ser um dos mais caros vinhos daquele produtor.

988. *Mosto.* Suco da uva antes de ser fermentado e transformado em vinho.

989. *Négociant.* Comerciante que compra uvas, suco de uva ou vinho e produz vinho com o seu nome. Louis Jadot, por exemplo, é um grande negociante da Borgogne. Stone Creek é um grande negociante da Califórnia.

990. *Podridão nobre.* Quando as uvas brancas destinadas à produção de vinhos doces são afetadas por um fungo chamado *Botrytis cinerea.* Esse fungo desidrata as uvas e concentra seus açúcares. Quando o *Botrytis cinerea* afeta as uvas que não são destinadas à produção de vinho doce, a doença é menos favorável e recebe o nome de podridão cinza.

991. *Fenóis*. Substâncias presentes nas uvas, principalmente nas hastes, cascas e sementes que conferem sabor, cor e taninos aos vinhos.

992. *Segundo vinho*. Vinho de qualidade inferior ou produzido com uvas de videiras jovens em uma propriedade conhecida por seus "grandes vinhos". Esse termo é usado principalmente em Bordeaux, mas é utilizado em outros locais.

993. *Contato com a casca*. Quando a casca da uva branca fica em contato com o suco prensado antes da fermentação, para a extração do sabor. Quando os vinhos tintos são elaborados, as cascas das uvas e a polpa ficam em contato com o suco durante e após a fermentação para conferir cor, sabor e taninos. Nos vinhos tintos, esse processo recebe o nome de *maceração* em vez de *contato com a casca*.

994. *Tanino*. Composto encontrado na casca, nas sementes e na haste das uvas que dissolve no suco durante o processo de produção do vinho tinto, conferindo adstringência e ocasionalmente um toque amargo.

995. *Terroir*. Termo francês que significa solo, clima, geografia e geologia de uma área. O *Terroir* influencia os sabores das uvas e do vinho de um determinado local.

996. *Véraison*. Período da fase de crescimento quando as uvas mudam de cor.

997. *Vinificação*. Processo de elaborar o vinho.

998. *Vintage*. Ano em que as uvas de um determinado vinho foram colhidas; safra; colheita.

999. *Viticultura*. Cultura das vinhas.

1000. *Fermento*. Fungo que consome o açúcar das uvas e produz álcool e gás carbônico. O líquido resultante é o vinho.

Apêndice A

Os 50 Melhores Vinhos Até 20 Dólares

Tintos

- La Montesa, 2003, Bodegas Palacios Remondo, Rioja, Espanha

  Redondo e suculento com taninos delicados e firmes. Sedoso e rico ao paladar, esse vinho transborda com sabores de ameixas assadas e cerejas pretas que se misturam com um pouco de fumaça e especiaria. Pronto para ser bebido agora.

- Moulin-à-Vent Fleur, 2004, Georges Deboeuf, Bourgogne, França

  Fresco, cerejas vermelhas maduras com nuances de flores silvestres e especiarias. Delicioso, refrescante e versátil. Tudo aquilo que um Beaujolais deveria ser e algo mais.

- Rasteau, 2003, Perrin & Fils, Côtes Du Rhône, França

  Framboesas e mirtilos mergulhadas em chocolate escuro com nuances de baunilha e especiarias no final. Vinhos como esses são a razão pela qual a região do Rhône está em alta.

- Château les Trois Crois, 2002, AC Fronsac, Bordeaux, França

  Elaborado com vinhas de baixa produtividade, esse vinho sólido criado pelo antigo mestre de adega do reverenciado Château Mouton Rothschild transborda com sabores ricos em cerejas vermelhas, pretas e nuances de rochas aquecidas e terra molhada. Taninos maduros e sedosos envolvem maravilhosamente a fruta. Beba-o até 2010.

- Coudoulet de Beaucastel, Château de Beaucastel, Côtes du Rhône, França

  Esse vinho é consistentemente delicioso safra após safra, com quantidades de frutas carnudas e suculentas luxuosamente picantes, intercaladas com café, fumaça, couro e terra molhada.

- Nipozzano, Frescobaldi, 2002, Chianti Rufina Riserva, Itália

  Vinho deliciosa e correto, com frutas exuberantes, taninos sedosos e sabores que vão da cereja para o alcaçuz, de ameixas para as especiarias. Um belo vinho que se beneficia de uma dupla decantação.

- Escudo Rojo, 2002, Baron Philippe de Rothschild, Maipo, Chile

  Escuro e intenso com aromas de violeta, ameixas e cerejas pretas maduras, cedro, bem como presença sutil de fumaça, especiarias e baunilha.

- Campfiorin, 2002, Masi, Vêneto, Itália

  Rico e maravilhosamente maduro, com intensa concentração. Envelhecerá graciosamente até

2009, mas já está pronto para ser bebido. Sabores vibrantes de cereja preta e ameixas vermelhas e pretas com algumas uvas passas e especiarias presentes. Taninos maduros e macios. Final de médio para longo. Excelente compra.

- Cabernet Sauvignon, 2002, Wynn's Coonawarra Estate, Coonawarra, Austrália

  Sabores de pêssegos, ameixas, nectarinas e cerejas picantes, chocolate quente e café suave fazem dele um vinho muito bem-vindo.

- Cabernet Sauvignon, 2005, Casillero del Diablo, Concha y Toro, Vale do Maipo, Chile

  O mestre de adega Marchelo Papa produz excelentes vinhos com as versões Casillero del Diablo, cuja tradução seria adega do diabo. O Cabernet Sauvignon é o meu favorito com sabores intensos de frutas silvestres pretas e ameixas envoltas em camadas de baunilha morna e café saboroso.

- Carménère, 2004, Casillero del Diablo, Concha y Toro, Vale do Maipo, Chile

  Uma estupenda versão dessa variedade de uva a um preço imbatível abaixo de 10 dólares. Ameixas, chocolate, café, carvalho tostado e um equilíbrio perfeito.

- Merlot, 2004, Cono Sur, Vale Central, Chile

  Adolfo Hurtado, o jovem mestre de adega de Cono Sur, oferece charme em uma garrafa com esse bem estruturado e voluptuoso Merlot que ressoa com amoras pretas, ameixas e chocolate. Um vinho com muito estilo a um preço excelente.

- Merlot Reserva, 2001, Viña Carmen, Vale do Rapel, Chile

  Aroma rico e picante de tomilho, cerejas pretas, flores silvestres e lavanda, seguido de sabores de chocolate amargo, cereja preta e pimenta. O paladar é suave com taninos maduros e macios, frutas vermelhas suculentas, sabor maravilhoso e intenso.

- Petalos del Bierzo, 2004, Descendientes de Jose Palacios, Bierzo, Espanha

  Esse vinho cuidadosamente feito à mão é uma bebida intensa e séria, elaborada por um dos mais respeitados produtores de vinhos da Espanha, Alvaro Palacios. Com meticulosa atenção para os detalhes nas vinhas e na adega, ele tem elaborado esse vinho elegante com sabor de pimentão vermelho, frutas silvestres, ervas e especiarias, com um final longo de pimenta-do-reino preta e enfumaçado. Assim que eu o degustei, comprei alguns para a minha adega.

- Reserva Alentejo, 2001, Alentejo, Portugal

  Chocolate quente cremoso, ameixas saborosas, uvas passas suculentas e baunilha.

- Seven Hills Merlot, 2001, L'Ecole No. 41, Walla Walla Valley, Washington, Estados Unidos

  Sucos de carne caramelizados e marzipã ao olfato, seguido de um ataque ao paladar de marzipã, violetas, pimenta-do-reino preta, fumaça e frutas vermelhas. Delicioso!

- Koonunga Hill Shiraz Cabernet, Barossa, McLaren Vale e Coonawarra, Austrália

  Não posso melhorar as anotações do mestre de adega que descreve o vinho como picante, com aromas e sabores de frutas escuras, marmelo, figo, toques de azeitona e alcaçuz, carnes defumadas, chocolate escuro e bolo de frutas.

- Tinto Reserva, 2000, Marqués de Riscal, Rioja, Espanha

  Canela e especiarias, mirtilo e framboesas, fumaça, chocolate ao leite, toques de caramelo e baunilha. Procure pela garrafa envolta em uma malha dourada com um rótulo branco e dourado.

- Bin 28 Shiraz, 2001, Penfolds, Sul da Austrália

  Suave e cheio de fruta, redondo e fácil de beber. Sabores concentrados de cerejas pretas com toques defumados. Excelente equilíbrio e preço.

- Shiraz Show Reserve, 1998, Wyndham Estate, Hunter Valley, Austrália

  Sabores interessantes de sucos de assados caramelizados, couro e framboesas com toques de chocolate escuro e tabaco. Final longo, robusto e apimentado. Pronto para ser bebido. Bem equilibrado. Excelente escolha para um corte de carne de primeira assada.

- Zinfandel Vintners Blend, 2003, Ravenswood, Califórnia, Estados Unidos

  Joel Peterson é o mestre de adega por trás desse vinho que oferece um incrível preço de cerca de 10 dólares. Ele produz uma série de outros Zinfandel com uma única variedade de uva, mas é o que mais gosto. Ele é puro mirtilo maduro e amoras pretas, framboesas supermaduras, especiarias picantes e taninos delicados. Perfeito para um churrasco.

- Tatone Montepulciano d'Abruzzo, 2000, Terre d'Aligi, Abruzzo, Itália

  Vinho denso quase opaco, com distintos aromas de amoras, mirtilos, cerejas e menta. Um paladar macio, rico em frutas vermelhas que enche a boca, junto com nuances de chocolate escuro, tabaco e pimenta preta. Esse vinho já pode ser bebido agora, mas continuará a se desenvolver pelo menos por cinco anos. Beba-o no outono ou no inverno com carne assada.

- Artist Series Cabernet Sauvignon, 2001, Woodward Canyon, Washington Estate, Estados Unidos

  Esse vinho exsuda curiosos aromas de carne de churrasco e pimenta-do-reino preta, seguidos de sabores de carne tostada e ameixas pretas. Um toque mineral e de pimenta-do-reino verde no final.

- Yellow Label Cabernet Sauvignon, 2002, Wolf Blass, Sul da Austrália

  Esse vinho agrada facilmente com límpida e vibrante acidez, taninos maduros e perfeito equilíbrio, bem como baunilha, especiarias, cassis, menta e um longo final depois de degustado.

- Merlot, 2002, Pikes, Clare Valley, Austrália

  Bolo floresta negra na taça — cereja ácida, chocolate escuro, sensação cremosa na boca e completa satisfação.

- Castillo de Almansa Tinto Reserva, 2001, Bodegas Piqueras, Almansa, Espanha

  Um tremendo valor pelo custo. Todo frutas vermelhas frescas, couro, frutas desidratadas e especiarias.

- Castillo Ygay Tinto Gran Reserva, 2001, Bodegas Marqués de Murrieta, Rioja, Espanha

  Carvalho tostado, frutas silvestres pretas e vermelhas e especiarias. Esse vinho é intenso e carnudo, ainda que seja maravilhosamente requintado. Final longo e de fácil degustação.

Brancos

- Sauvignon Blanc, 2003, Robertson Winery, Breede River, África do Sul

  Aromas de *grapefruit* temperado com leve toque de fumaça e rochas antecipam *grapefruit*, tangerina, mineral e ervas ao paladar, com um final de pimenta-do-reino verde. Um Sauvignon Blanc restrito em seu estilo.

- Marlborough Vineyards Sauvignon Blanc, 2003, Sacred Hill, Marlborough, Nova Zelândia

  Paladar rico, sedoso e macio que contrasta de maneira impressionante com os sabores vibrantes de cerejas douradas e limão. Delicioso, límpido e com um final longo.

- Chablis, 2002, Maison Joseph Drouhin, Bourgogne, França

  Aromas clássicos de rochas e terra molhadas com sabores de limão, mineral, frutas secas, creme e um leve toque de cereja e baunilha. Delicioso, com um final longo.

- Les Princes Abbes Riesling, 2001, Domaines Schlumberger, Alsace, França

  Extraordinário. Aromas de limão e caramelo antecipam o paladar de limão, manteiga, rochas partidas e casquinha de laranja. Belo produto.

Seco, vibrante, mas com excelente concentração, corpo e final. Vale a pena cada centavo gasto com ele.

- Tokay Pinot Gris, 2001, Domaine du Bollenberg, Alsace, França

  Pinot Gris clássico com aromas de pêssego, e especiarias seguido dos sabores de pêssego bem maduro com noz-moscada, canela e pimenta-do-reino branca. Esse vinho branco seco é encorpado, quase oleoso quando na boca, com boa acidez e excelente equilíbrio. Final longo e concentrado. Já está pronto para ser bebido, mas pode durar pelo menos até 2010.

- St. Romain, 2000, Maison Champy, Bourgogne, França

  Imagine um bolo de laranjas recém assado — todo manteiga, laranjas, com bordas tostadas e caramelizadas.

- Masianco, 2004, Mais, Vêneto, Itália

  Essa combinação interessante de um discreto Pinot Grigio com um frutado Verduzzo é ao mesmo tempo tranqüila, emocionante e seca ao extremo. Típico abacaxi, limão e um toque de mel ao olfato e ao paladar levam a um final seco e longo com mineral e cascalhos. Excelente pelo preço.

- Chardonnay, 2004, Cono Sur, Santa Elisa Estate e El Marco Estate, Chile

  Embora o Cono Sur se posicione como um produtor moderno e relativamente novo no cenário vinícola, seus vinhos elaborados com uma única variedade de uva demonstram uma grande *finesse* do Velho Mundo. O Chardonnay é bem tipo Bourgogne devido a seus sabores refinados, com carvalho bem integrado, rico e elegante na boca. Esse vinho tem sabores de creme de limão fresco, nuances de torrada amanteigada e um final persistente.

- Chardonnay, 2003, Petaluma, Picadilly Valley, Austrália

  Um redemoinho de nectarina, amêndoas e nuances de baunilha. Um dos meus favoritos.

- Riesling, 2004, Weingut Max Ferd Richte, Mosele, Alemanha

  Um vinho de qualidade confiável a um preço convidativo. Maçãs Granny Smith crocantes, casquinha de limão e rochas mornas. Deliciosamente longo, firme e persistente ao paladar.

- Riesling, 2004, Château Ste. Michelle & Dr. Loosen, Washington, Estados Unidos

  Tangerina e rochas molhadas, sorvete cremoso de limão amarelo e Taiti. Uma delícia.

- Blanco Reserva, 2000, Marqués de Murrieta, Rioja, Espanha

  Um vinho seco e encorpado com coloração intensa e sabores de damascos, caramelo, baunilha e frutas secas.

- Zind, 2001, Domaine Zind-Humbrecht, Alsace, França

  Pimenta-do-reino branca e pêssego ao olfato, seguido por um sabor rico e picante de pêssego ao paladar, com acidez refrescante, encorpado, denso em fruta e um final super-seco. Persistente. Muito bom atualmente, podendo manter-se até 2009.

- Riesling, 2002, Wegeler Estate, Mosele, Alemanha

  Esse vinho mostra um equilíbrio do açúcar-acidez, pêssego, casquinha de limão cristalizada, damasco e nuances de maracujá. É muito bem balanceado com a adição de um toque da acidez de um suco de limão equilibrando o açúcar. Ele se desenvolverá muito bem, já engarrafado, até por volta de 2010.

- Riesling "Le Kottabe", 2002, Josmeyer, Alsace, França

  Esse vinho é elaborado para durar e oferece generosa quantidade de cascalhos molhados, casquinhas de limão amarelo e Taiti, com um toque vibrante de acidez. Excelente expressão da fruta, leve, com final longo. Continuará a se desenvolver até por volta de 2010.

- Rully 1er Cru, 2003, Joseph Drouhin, Bourgogne, França

  Esse vinho libera uma torrente de sabores clássicos de limão, creme, baunilha, frutas secas e balas de caramelo a uma fração do preço de vinhos similares dessa reverenciada região da França.

- Pinnacles Chardonnay, 2003, Estancia Estate, Califórnia, Estados Unidos

  Um exemplo estimulante de Monterey que nos lembra os brancos da Bourgogne. Ele é todo requinte e classe com textura delicada, perfeito equilíbrio, nuances de amêndoas e um delicado amanteigado entrelaçado com baunilha.

- Seven Hills Sémillon, 2003, Estancia Estate, Califórnia, Estados Unidos

Limões e pêssegos, damascos e creme, caramelo e rochas mornas e uma rica e sedosa sensação na boca. Um vinho fantástico de estrutura considerável.

- Oom Pagel Sémillon, 2004, Fairview Estate, Paarl, África do Sul

  Citrus, creme e amêndoas, com uma sensação macia que enche a boca e um longo e prazeroso final.

- Sauvage Sauvignon Blanc, 2002, Sacred Hill, Marlborough, Nova Zelândia

  O envelhecimento em carvalho desse vinho conferiu-lhe um sabor tostado e de frutas secas, recoberto com nuances de laranja, abacaxi e limão amarelo e Taiti. Presença dos sabores de creme e caramelo que ao final lembra um pudim de creme caramelado. Um vinho fabuloso. Beba o da última safra.

- Dancing Bull Sauvignon Blanc, 2004, Rancho Zabaco, Califórnia, Estados Unidos

  Toda a mineralidade e o frescor de um Sauvignon Blanc das grandes regiões do Loire, como o Pouilly Fumé, embora seja um vinho da Califórnia. Discretos sabores de aspargos, maçã e ervas circulam ao redor de uma estrutura sólida e firme.

Espumantes

- Anderson Valley Brut, NV, Roederer Estate, Califórnia, Estados Unidos

  Dos produtores do Champagne Cristal, esse vinho é um dos melhores espumantes do Novo

Mundo disponível atualmente no mercado. É o mais próximo que você encontrará do Champagne fora da renomada região francesa e tem um sabor intenso com as típicas qualidades dos exóticos Champagnes — sabores de rosquinhas, torradas de brioche, maçã cozida, toques de baunilha, frutas secas e manteiga. Fresco, quase que voluptuoso e muito requintado.

Apêndice B

Fontes

- Australian Wine & Brandy Corporation
  http://www.awbc.com.au
- Australian Government: The Department of Foreign Affairs and Trade
  http://www.dfat.gov.au
- Brigitte Batonnet
  Comité Interprofessionnel du Vin de Champagne
  France
  5, rua Henri Martin
  51200 Epernay
  France
- Hal Bibby
  Amberley & Inniskillin Brand Manager
  Vincor Australia Pty Ltd (incorporating
  Goundrey & Amberley)
  680 Murray Street
  PO Box 909, West Perth, WA 6872
  Australia
- Blossom Winery
  5491 Minoru Boulevard

Richmond, BC V6X 2B1
Canada

- Michael Broadbent

  Winetasting, Mitchell Beazley, Great Britain, 2002

- Canadian Vintners Association

  www.canadianvinters.com

- Natasha Claxton

  R&R Teamwork
  'The Basement'
  754 Fulham Road,
  London SW6 5SH
  United Kingdom

- Counseil Interprofessionnel du Vin de Bordeaux

  The Guide to Bordeaux Wine, Third Edition, 2003

- Michael Cox

  UK Director – Wines of Chile UK Ltd.
  13 Hermitage Parade, High Street
  Ascot, SL5 7HE
  United Kingdom

- *Decanter* magazine

  Broadway House
  2-6 Fulham Broadway
  London SW6 1AA
  United Kingdom
  www.decanter.com

- John Derrick

  Fine Wine Manager
  Bibendum Wine Ltd.

113 Regents Park Rd.
London NW1 8UR
United Kingdom

- Isidoro Fernandez-Valmayor

  Trade Commission of Spain
  2 Floor Street East, Suite 1506
  Toronto, ON M4W 1A8
  Canada

- Christopher Fielden in association with The Wine & Education Trust

  Exploring Wine & Spirits
  Wine & Spirit Education Trust, London, UK, 1994

- Bill Gunn MW

  Managing Director
  Pol Roger Limited
  Shelton House
  4 Coningsby Street
  Hereford HR1 2DY
  United Kingdom

- Jane Holland

  Lewis Carroll Communications Inc.
  68 Scollard Street
  Toronto, Ontario M5R 1G2
  Canada

- Gladys Horiuchi

  Communications Manager
  Wine Institute, California
  425 Market Street Suite 1000
  San Francisco, CA 94105
  USA

- Andrew Jefford

  The New France: A Complete Guide to Contemporary French Wine
  Mitchell Beazley, Great Britain, 2002

- Natalie Jeune

  Focus PR Limited
  7-9 Swallow Street
  London W1B 4DX
  United Kingdom

- Peter Kelsall

  Import and Export Coordinator
  Vincor Australia Pty Ltd. (Incorporating Goundrey & Amberley)
  680 Murray Street
  PO Box 909
  West Perth, WA 6872
  Australia

- Florence Laurent

  Champagne Lous Roederer
  Service Relations Extérieures
  21, boulevard Lundy
  51100 Reims
  France

- Gérard Liger-Belair

  Associate Professor of Physical Sciences
  Laboratoire d'oenologie et chimie appliquée
  Moulin de la Housse
  Université de Reims, BP 1039
  51687 Reims, Cedex 2
  France

- Martine Lorson

  Champagne Louis Roederer
  Service Relations Extérieures
  21 Boulevard Lundy
  51100 Reims
  France

- Allison Lu, Manager

  Blossom Winery
  5491 Minoru Boulevard,
  Richmond, BC V6X 2B1
  Canada

- Angela Lyons

  Public Relations Director
  Foster's Wine Estates Canada, Southcorp
  5255 Yonge Street, Suite 1111
  Toronto, ON M2N 6P4
  Canada

- Ian Mitchell

  Ne Plus Ultra Agencies
  123 Woodfield Road
  Toronto, On M4L 2W5
  Canada

- Giovanni Oliva

  Export Manager
  Bisol
  Via Fol 33, 31049 Valdobbiadene (TV)
  Italy

- Sylvia Palamoudian

  Focus PR Limited
  7-9 Swall Street

London W1B 4DX
United Kingdom

- Kelly Roberts

  Communications Coordinator
  Washington Wine Commission
  93 Pike Street Ste. 315
  Seattle, WA 98101
  USA

- Jancis Robinson

  Oxford Companion to Wine, Second Edition
  Oxford University Press, Oxford, UK, 1999

- Jancis Robinson

  Vines Grapes & Wines: The Wine Drinker's Guide to Grape Varieties
  Mitchell Beazley, Great Britain, 1986

- Jaimi Ruoho

  Public Relations Coordinator
  Foster's Wine Estates Canada, Southcorp
  5255 Yonge Street, Suite 1111
  Toronto, ON M2N 6P4
  Canada

- Russel Sandham

  Brand Manager
  The Kirkwood Group
  1155 North Service Road West
  Unit 5, Oakville, Ontario L6M 3E3
  Canada

- Swiss Wine Communication AG

  http://www.swisswine.ch

- John Reynolds

  Territory Managar, GTA West
  The Kirkwood Group
  1155 North Service Road West
  Unit 5, Oakville, Ontario L6M 3E3
  Canada

- Barbara Scalera

  Partner
  Eviva Communications
  International Wine & Spirit Centre
  39-45 Bermondsey Street
  London SE1 3XF
  United Kingdom

- Paul Sullivan

  Marketing Manager
  Western Wines
  1 Hawksworth Road
  Telford, Shorpshire
  United Kingdom

- Sylvia Palamoudian

  Focus PR Limited
  7-9 Swallow Street
  London W1B 4DX
  United Kingdom

- Daryl Prefontaine

  National Portfolio Manager
  Fine Wine Group
  Maxxium Canada
  1179 King Street West
  Toronto, ON M6K 3CS
  Canada

- St. Hubertus & Oak Bay Estates Winery
  5225 Lakeshore Rd.
  Kelowna, BC V1W 4J1
  Canada

- Elizabeth Väaughan
  Sales & Marketing Coordinator
  Pol Roger Limited
  Shelton House
  4 Conigsby Street
  Hereford HR1 2DY
  United Kingdom

- Jeremy Watson
  The New & Classical Wines of Spain
  Montguard, Editores, Barcelona, Spain, 2002

- Chloe Wenban-Smith
  Senior Brand Manager
  Maisons Marques et Domaines
  4 College Mews
  St. Ann's Hill
  London SW18 2S
  United Kingdom

- Corrina Wilson
  Partner
  Eviva Communications
  International Wine & Spirit Centre
  39-45 Bermondsey Street
  London SE1 3XF
  United Kingdom

- WineAmerica

  1212 New York Avenue, Suite 425
  Washington, DC 20005
  USA

- Wines of Canada

  www.winesofcanada.com

- Jason Woodman

  Woodman Wines & Spirits Inc.
  523 The Queensway, Suite 1B
  Toronto, ON M8Y 1J7
  Canada

- Rebeca Yates-Campbell

  Assistant Marketing Manager – Public Relations
  E & J Gallo Winery Canada
  6685 Millcreek Drive, Units 1&2
  Mississauga, ON, L5N, 5M5
  Canada

Índice

B

C

D

E

F

G

H

I

J

K

N

Q

R

S

T

W

X

Y

Z

Sobre a Autora

Carolyn Hammond é uma escritora de vinhos internacionalmente reconhecida e uma experiente jornalista que escreve para as revistas *Decanter* e *Wine & Spirit International*, para o jornal londrino *Times*, além de contribuir também para a revista *Maclean's* c para os jornais *Toronto Star* e *Province* do Canadá. Ela é diplomada em Wine & Spirits pela Wine & Spirit Education Trust, no Reino Unido, possui o título de Bachelor of Arts pela York University e participa como membro do Wine Writers' Circle do Canadá. Seus artigos e notas de degustação estão em seu website: www.wine-tribune.com.

Orgrafic
Gráfica e Editora
Fone: (11) 6522-6368